心理学マニュアル

面接法

保坂 亨
中澤 潤
大野木裕明
編著

北大路書房

執筆者一覧（執筆順）

編者／保坂　亨・中澤　潤・大野木裕明

保坂　　亨	■千葉大学教育学部附属教育実践総合センター教授　博士（教育学）	：序章，1章
野々村実夫	■最高裁判所家裁調査官研修所	：コラム①
柴橋　祐子	■跡見学園女子大学文学部助教授	：1章，コラム②
西河　正行	■大妻女子大学人間関係学部助教授	：2章，3章
砂田　良一	■金沢大学教育学部附属教育実践総合センター教授	：コラム③
奥野　　光	■名古屋大学大学院教育学研究科	：コラム④
無藤　清子	■東京女子大学文理学部教授	：4章
瀬地山葉矢	■名古屋大学大学院教育学研究科	：コラム⑤
堀田　香織	■埼玉大学教育学部助教授	：5章
松島　恵介	■龍谷大学社会学部助教授　博士（人間科学）	：コラム⑥
浦上　昌則	■南山大学人文学部助教授　博士（教育心理学）	：6章
前田　洋一	■福井県教育研究所企画主査	：コラム⑦
伊藤　研一	■文教大学人間科学部教授	：7章－1
笠井　孝久	■千葉大学教育学部附属教育実践総合センター助教授	：7章－2
佐々木正宏	■國學院大学文学部教授	：7章－3
草野　香苗	■名古屋大学大学院教育発達科学研究科	：コラム⑧
原田　克己	■名古屋大学大学院教育発達科学研究科	：コラム⑨
宮下　敏恵	■上越教育大学学校教育学部助教授　博士（人間科学）	：コラム⑩
中澤　　潤	■千葉大学教育学部教授　博士（心理学）	：8章
稲田　博一	■朝日新聞東京本社	：コラム⑪
後藤　宗理	■名古屋市立大学大学院人間文化研究科教授	：9章
嘉数　朝子	■琉球大学教育学部教授	：コラム⑫
杉村　智子	■福岡教育大学助教授　博士（心理学）	：10章
杉山　　亮	■おもちゃ作家・児童書作家	：コラム⑬
湯澤　正通	■広島大学大学院教育学研究科助教授　博士（心理学）	：11章
浜本　園子	■東京家庭裁判所調査官	：コラム⑭
井下　　理	■慶應義塾大学総合政策学部教授	：12章
大塚　雄作	■京都大学高等教育研究開発推進センター	：13章
小林　正明	■(株)クレオマーケティング部	：コラム⑮
大野木裕明	■福井大学教育地域科学部附属教育実践総合センター教授　教育学博士	：14章
金井　篤子	■名古屋大学大学院教育発達科学研究科教授　博士（教育心理学）	：コラム⑯
酒井　明子	■福井大学医学部助教授	：コラム⑰
戸崎　幹夫	■富士ゼロックス(株)ヒューマンインターフェイスデザイン開発部	：15章－1
仲　真紀子	■北海道大学大学院文学研究科教授　学術博士	：15章－2
藤崎眞知代	■明治学院大学心理学部教授	：15章－3
石橋　由美	■新見公立短期大学教授	：15章－4

はじめに

　『心理学マニュアル面接法』は，心理学の基礎知識のほとんどない学生が本書を学ぶことによって，面接法を用いた卒業論文をまとめることができるように意図して編集されている。心理学の研究法には，実験計画法，質問紙調査法，観察法，テスト法などが知られているが，本書は先に刊行された『心理学マニュアル観察法』（1997年），『心理学マニュアル質問紙法』（1998年）に続く3冊目であり，面接法への理解と展望を提供するものである。それゆえ，本書でも同様に，まず面接法の概観と具体的な手順の解説をして全貌を明らかにし，続いて面接法を用いた実習や演習によって具体的な理解と修得をはかり，さらには各方面の応用や研究の紹介をすることによって，読者が展望を持って面接法をもちいることができるように構成している。

　これまでの心理学的な面接法についての書物には，たとえば，続・村上（編）『心理学研究法（11）面接』（東京大学出版会，1974）が知られている。この本では，面接法を大きくは，調査的面接法と臨床的面接法に分けて概括的に扱っているが，このような本は数少ない。むしろ，心理学や精神医学では，各派の治療面接法についてまとめたものがほとんどであり，これはおびただしい数に達している。つまりは，特定の専門書は多くあるが，全般的，概括的なものや具体的な入門書は少ないのである。

　そこで，本書は，むしろ，これまでの『心理学マニュアル観察法』『心理学マニュアル質問紙法』と同様に，理論・概説，演習・実習を含んだような具体的な入門書をめざしている。

　ところで，読者の中には，はたして治療的なあるいは心理臨床的な面接法やいわゆる心理的カウンセリングが，紙上の演習や実習で学べるのかどうか疑問に思う方々も多いだろう。われわれもそのことについては似たような考えをもっている。また当然のことながら，面接法による卒論研究といっても，大学の心理学教育上では，そうとうにむずかしいのが現実である。

　しかし，本書では，あえてむずかしいことを承知のうえで，現段階で可能な範囲で，質問紙調査法，実験計画法，心理検査法など他の方法との併用による卒論なら何とかできるのではないかと考えた。あるいは，面接法プロパーで技術的には小さいが重要な問題を方法論的研究として取り上げれば，卒論のテーマになるのではないかと考えた。

このようなわけで，本書『心理学マニュアル面接法』の内容は，可能なかぎり概括的に調査的面接法と相談的面接法を中心にして編集されているし，また意図的に，思い切って重要だが扱うのに無理のある部分を割愛している。したがって，本書はすべてを網羅した本ではないが，しかしできるだけ限界に挑戦したものであると言っておこう。

　なお，ここで，調査的面接法の「調査的」の意味は，社会調査に特定しない。条件統制，条件別の観察法，実験法と同じ意味で，調査的ということばを使っている。したがって，面接法という方法で，質問紙調査法，実験計画法，心理検査法などと近いところをめざした部分を扱っている。つぎに，相談的面接法であるが，相談的の対象は，原則として健常者を想定している。ただし，病者の治療という観点を完全に排除するというものではない。いずれをも共通に必要とするような基礎的な部分を扱おうと試みた。

　本書の構成は以下のようである。序章の後の第1部では，相談的面接法の理論と技法についてまとめた。まず，概観によって全体像をつかみ，つぎに傾聴訓練の入門を用意した。そして，進路指導，同一性地位面接などについて具体的な実習を通じて体得がはかれるようにした。第1部最後の第7章では，実際の相談的面接法を援用した研究にふれることによって読者自身の展望が得られるように試みた。

　第2部では，調査的面接法の理論と技法をまとめた。同様に，概観によって全体像をつかみ，つぎに，個から集団という流れのなかで，特定個人のライフコース，認知発達，思考過程，グループ・インタビュー，質問紙調査への準備といった具体的なテーマについての入門と実習を用意した。15章では，調査的面接法を用いた実際の研究にふれることによって読者自身の展望が得られるように試みた。質問紙法や実験計画法とは異なって，何かかけ離れたイメージをもたれていた面接法が，かなり他の方法と近い部分があることを理解され，心理学研究法の重要な部分としてバランスよく位置づけていただければ幸いである。優れた研究や，研究者，実践家の体験談，エピソードを「コラム」としてふんだんに盛り込んだので，これによって，読者がますます面接法に対して研究上の親しみや，愛着，敬意をもって接していただければと思う。

　最後になるが，この心理学マニュアルシリーズにご理解と支援をいただいて

いる北大路書房の方々と，引き続き辛抱強く編集に携わってくださった石黒憲一氏にお礼申し上げる。

2000年2月
　　　編者　保坂　亨・中澤　潤・大野木裕明

目　次

はじめに

序章　人間行動の理解と面接法　1

1．面接法の定義と特徴　1
観察法との比較／質問紙調査法との関係／その他の特殊な面接技法との関係
2．面接法の種類と歴史　4
相談的面接法の歴史／調査的面接法の歴史
3．面接法の留意点　7
4．面接法を使った卒業論文を書くにあたって　7

第1部　相談的面接法の理論と技法　9

1章　相談的面接法の概観　10

1．相談的面接法の定義　10
2．カウンセリングの基本的理論　11
自己一致／無条件の積極的関心／共感的理解
3．カウンセリングにおける具体的な応答　14
4．カウンセリングにおける訓練の問題　17

コラム①　家裁調査官の面接／19

2章　相談的面接法の実習：傾聴訓練1（紙上応答構成）　20

1．実習1：普通の会話との違いを確認する　20
2．実習2：語られた内容をそのまま返す練習　22
3．実習3：感情の反射　23
4．実習4：いいかえ　25
5．実習5：感情の明確化　27
6．おわりに　29

3章　相談的面接法の実習：傾聴訓練2（ロールプレイ）　30

1．実習1：言語的，非言語的コミュニケーションを通して他者理解をする　30
2．実習2：話の聞き方が話し手の心理状態に影響を与えること

　　　　を体験する　32
　　3．実習3：相手の話を通して，話し手の生きている心理的世界
　　　　に目を向ける　33
　　4．実習4：話し手と気持ちを共にする傾聴　34
　　5．実習5：話し手と共に探索する傾聴　36
　　6．実習6：座席の配置によって面接の雰囲気が変わることを体
　　　　験する　37
　　　　　　　　　コラム②　医療においても「聞く技」が求められている/39
　　　　　　　　　　　③　カウンセリング場面のうなずきについて/40
　　　　　　　　　　　④　一歳半児健診での面接/41

4章　相談的面接法の実習：自我同一性地位面接　42

　　1．自我同一性地位面接とは　42
　　2．相談的面接法の実習の目的　43
　　3．実習の手順　44
　　　　約束事を相互了解する／調査的面接法についての概説的予備知識を
　　　　得る／グループ分けと役割分担／テーマの設定と面接ガイドの作
　　　　成／予備面接とその後の話し合い／本面接の依頼／本面接／逐語録
　　　　作成／逐語録の読み込み／面接者・協力者の相互フィードバック／
　　　　面接プロセスと面接者の技術についての検討／プライバシーに関す
　　　　る再確認
　　4．自我同一性地位面接を卒論などで使う場合　51
　　　　　　　　　　　コラム⑤　半構造化面接について/53

5章　相談的面接法の実習：
　　　　回顧法によるいじめ体験の半構造化面接　54

　　1．演習のテーマ：いじめ問題　54
　　　　心理を理解する手法：回顧法／半構造化面接／面接態度／いじめの
　　　　定義
　　2．演習の実際　57
　　　　いじめ問題の文献購読／予備的面接／半構造化面接の試行／本調査
　　　　面接／分析とレポートの作成
　　　　　　　コラム⑥　挿入された時間と場：30秒の沈黙をめぐって/61

6章　相談的面接法の実習：進路指導　62

　　1．演習課題「質問紙調査を併用した進路面接」　62
　　2．面接に先立って　66

調査尺度についての知識／自己理解についての援助が中心になる場合／職業理解についての援助が中心になる場合／意思決定についての援助が中心になる場合
　3．発展学習のために　69
　　　進路指導における面接の位置づけ／参考書など
　　　　　　　　コラム⑦　中学教師の三者面談の手順と問題点／71

7章　相談的面接法による研究の実際　72

　1．事例研究　72
　　　事例研究とは／事例研究の長所と問題および方向性／事例研究の対象／事例研究に求められる前提条件／事例研究をどのように進めるか／自己分析あるいは自分史研究／事例研究の例
　2．相談的面接における実験的研究　78
　　　アイコンタクトと感情表出との関係／対人認知における瞬目の影響／面接者との距離が瞬目と心拍数に与える影響／聞き手の相づちが話し手の対人魅力におよぼす影響
　3．相談的面接の効果に関する研究　82
　　　相談的面接の効果研究の必要性／ロジャースの相談的面接の効果研究／この研究の意義
　　　　　　　コラム⑧　集団心理療法における面接／88
　　　　　　　　　　⑨　不登校児を集めたグループ活動／89
　　　　　　　　　　⑩　催眠面接におけるコミュニケーション／90

第2部　調査的面接法の理論と技法　91

8章　調査的面接法の概観　92

　1．調査的面接法とは　92
　　　調査的面接法／調査的面接法の歴史と領域
　2．調査的面接法の過程　96
　　　調査的面接法の適応の適否の検討／面接の設計と準備／面接の実施／結果の処理
　3．調査的面接法の有効性と限界　100
　　　有効性／限界
　4．調査的面接法の倫理　103
　　　　　　コラム⑪　ノートを閉じるところから始まるインタビュー／105

目 次

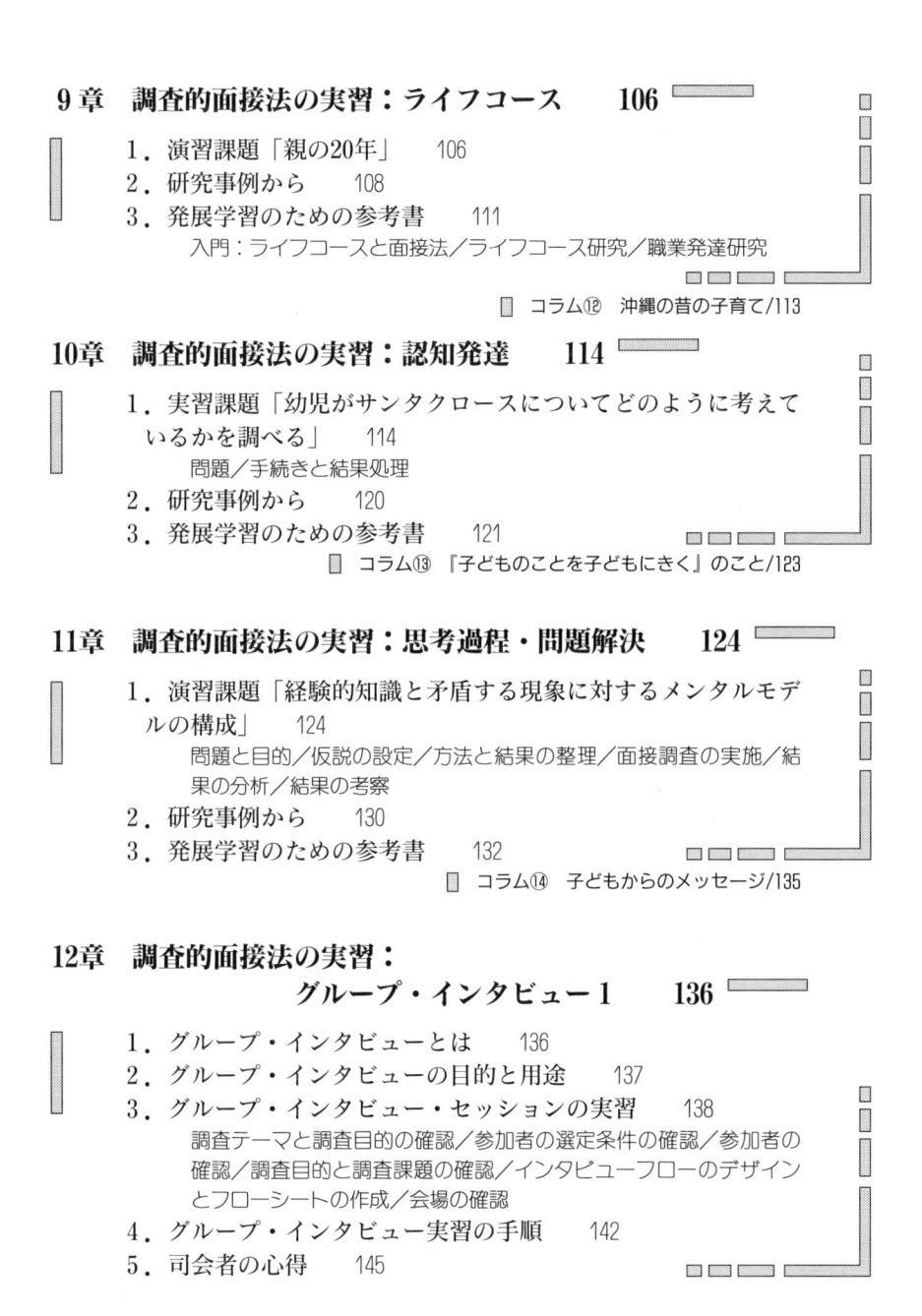

9章　調査的面接法の実習：ライフコース　106

1．演習課題「親の20年」　106
2．研究事例から　108
3．発展学習のための参考書　111
　　入門：ライフコースと面接法／ライフコース研究／職業発達研究

　　　　　　　　　　　　　コラム⑫　沖縄の昔の子育て／113

10章　調査的面接法の実習：認知発達　114

1．実習課題「幼児がサンタクロースについてどのように考えているかを調べる」　114
　　問題／手続きと結果処理
2．研究事例から　120
3．発展学習のための参考書　121

　　　　　　　　コラム⑬　『子どものことを子どもにきく』のこと／123

11章　調査的面接法の実習：思考過程・問題解決　124

1．演習課題「経験的知識と矛盾する現象に対するメンタルモデルの構成」　124
　　問題と目的／仮説の設定／方法と結果の整理／面接調査の実施／結果の分析／結果の考察
2．研究事例から　130
3．発展学習のための参考書　132

　　　　　　　　　　　　コラム⑭　子どもからのメッセージ／135

12章　調査的面接法の実習：グループ・インタビュー1　136

1．グループ・インタビューとは　136
2．グループ・インタビューの目的と用途　137
3．グループ・インタビュー・セッションの実習　138
　　調査テーマと調査目的の確認／参加者の選定条件の確認／参加者の確認／調査目的と調査課題の確認／インタビューフローのデザインとフローシートの作成／会場の確認
4．グループ・インタビュー実習の手順　142
5．司会者の心得　145

13章　調査的面接法の実習：グループ・インタビュー2　146

1. 演習課題「大学の授業をどう評価するか」　146
   被調査者の選定／進行役の心得／データの記録
2. 研究事例から　149
3. 発展学習のための参考書　153
   社会調査／グループ・インタビュー／大学授業の改善
   - コラム⑮　マーケティング実務におけるグループ・インタビュー／155

14章　調査的面接法の実習：面接法から質問紙法へ　156

1. 折衷的方法のすすめ　156
2. 演習課題「実習生の対処行動の方略を調べる」　157
3. 関連する研究事例から　161
4. 発展学習のための参考書　162
   - コラム⑯　入社面接について／165
   - ⑰　看護場面における初診患者への聞き取り／167

15章　調査的面接法による研究の実際　168

1. 製品開発活動におけるインタビューの利用　168
   製品開発プロセスと評価／ユーザテストにおけるインタビューの役割／インタビューにおける留意点／インタビューと観察を組み合わせたユーザテストの実例／他の工程におけるインタビューの応用
2. 目撃証言　172
   面接において注意すべき点／言語報告／人物の同定
3. スクリプト：幼児の園生活　176
   園生活への適応とスクリプト／面接によるスクリプトの測定／研究例：幼児の園生活のスクリプト
4. ナラティブ研究　180
   文化的道具としてのナラティブの形式／専有と抵抗：ナラティブの制約

人名・事項索引　187

【編集部注記】
ここ数年において、「被験者」（subject）という呼称は、実験を行なう者と実験をされる者とが対等でない等の誤解を招くことから、「実験参加者」（participant）へと変更する流れになってきている。本書もそれに準じ変更すべきところであるが、執筆当時の表記のままとしている。文中に出現する「被験者」は「実験参加者」と読み替えていただきたい。

序章　人間行動の理解と面接法

① 面接法の定義と特徴

　面接とは,「人と人とが一定の環境にあって,直接顔をあわせ,一定の目的をもってたがいに話し合い,情報を交換したり,意志や感情を伝えたり,相談したり,問題を解決すること(井村・木戸,1965)」と定義される。

　この面接が心的現象を追究するための一つの技法として行なわれた一番古いものは,選抜のための面接と考えられる。ある人を雇用したり,資格を与えたり,何かに任命する場合にはその人物の能力だけではなく,広く人格にたいしても何らかの評価を下す目的をもって面接する。このような選抜のための面接は古い歴史をもち,これが心理学の技法として明確な形をとるようになるために,さらにさまざまな検討が加えられていった。

　心理学では,さまざまな心的現象を科学的に解明しようとすることから,観察・実験・テストなどの諸方法が開発されてきた。このうち本シリーズ(心理学マニュアル)で先に刊行されている観察法と質問紙法との対比をもとに,面接法の特徴を明らかにしてみよう。

観察法との比較　観察法は,人間や動物の行動を観察,記録,分析し,行動の質的・量的特徴や行動の法則性を解明することを目的とする。一方,面接法は,行動そのものよりもその人の感情や価値観,動機など,こころの内面を理解することを目的とする。観察法は言語的表出や言語的理解の十分でない乳幼児をはじめあらゆる人を対象に行なうことができるが,面接法では言語を媒介とするためにある程度の会話力や自分の気持ちを説明する能力が必要とされる。また,観察の場合はある程度客観性を保つことができ,実験でも場面にいろいろな統制を加えて観察できるが,面接の場合は,人間の相互作用が起き,それだけ場面を客観的に統制することはむずかしい。このように,観察法と面接法では,対象とすることがらや用いられる手段などが大き

く異なる。しかし，観察法のなかでもとくに参加観察における観察者のあり方と面接者のあり方には，かなり類似した特徴もみられる。参加観察では，観察対象者とのかかわりが深くなり，対象に参加し，とけ込むことと同時に，観察者としての自分の位置を保つことが重要とされるが，この点は，面接法においても同様である。面接では，面接者と被面接者とのかかわりは大きく，まさに両者の相互作用によって行なわれる。そして，その人の語ることばの背景までを含めて聴きとるにはその関係の中に深く入り込みながらも，時にその関係を外から客観的に見ることが面接者に求められる。サリヴァン（Sullivan, 1954）は，こうした面接者のあり方を「関与しながらの観察」と述べており，面接と観察は密接にかかわっているところがある。さらに，観察法も面接法も多くの人を対象とすることがむずかしく時間がかかることや，分析の視点や解釈に主観が入りやすいことなども共通した特徴であるといえよう。

質問紙調査法との関係 面接法と質問紙法との比較については，本シリーズ「質問紙法」に詳しく述べられているので，ここでは，それをもとに，大まかな類似点と相違点をあげておく。質問紙法も面接法も，人のこころの内面を言語を媒介にして解明しようとする点で，共通しているが，その長所と短所はちょうど裏表になっている。質問紙法では，質問時の条件を斉一にし，多くの人に同時に試行できるという特徴がある。その反面，質問を読み間違えたり，動機づけが低かったり，拒否的な場合は，回答が歪曲されるなど，質問を受け取る側によって多くの問題が生じ，またそうした点をチェックすることがむずかしい。一方，面接法では，一斉に大量のデータをとることができず，時間がかかるが，質問について補足や説明ができ，また，被面接者の拒否的な態度をやわらげたり，そうした態度をチェックすることができる。また，質問紙法では，被調査者がよく考えて回答できる点が長所といえるが，それだけに防衛的な回答もしやすくなることがあげられる。面接法では相手の回答に応じて，より深い質問をしたり確かめたりすることができる。逆からいえば，面接法は面接者の意図する方向へ導く誘導尋問のようになったり，知らず知らずのうちに，相手に心理的圧力を加えていたりするような欠点も生じる。

両者の特徴をまとめれば，質問紙法は，多数の資料を短時間で得て，それら

を客観的に分析し、こころの内面を幅広くとらえようとするものであり、面接法は、対象は少ないが、時間をかけて丁寧にかかわり、より深いレベルでこころの内面をとらえようとするものであるということができよう。

その他の特殊な面接技法との関係

広義においては面接法の一種とも考えられるが、いろいろな条件設定が存在したり、両者の相互関係、「会話」という点が乏しかったりして、むしろ実験法、観察法と考えるほうが妥当なものがある。たとえば、催眠面接、自由連想法、アミタール（薬物の一種）面接などがあげられよう。

催眠面接では、被面接者は催眠状態すなわちふだんの意識状態とはちがったトランス（変性意識）状態にある。したがって、たとえその間に「会話」とよべるようなものが行なわれたとしても、面接者（この場合は催眠をかけたもの）の影響が大きすぎて意識が正常に機能していたとはいえない。

また、精神分析の専門家が被面接者（患者）の背後に座り、寝椅子に横たわった患者が一方的に自由に連想を語る自由連想法もふつうの面接にくらべれば一方向的である。この方法は、催眠にくらべ被面接者の主体性が強いように思われるが、このような非日常的行動をとるように面接者が命令し承認しているという点から考えると、非常に統制された実験状況であるとも考えられる。

アミタール面接は薬物を用いることが非常に特徴的である。薬物の効果によって、被面接者は軽い意識混濁をおこし、その結果、緊張や不安が軽減されて内的なことを話しやすくなる。そこで話されたことは内的な意味は高いが、必ずしも外的に真実のこととは限らないので注意を要する。

これらの方法は、すべて被験者の意識的なコントロールを下げるために、その危険性も大きい。語られた内容の意味、あるいは、そのような面接をする意味などについて、面接者がよく理解している必要があり、面接者の倫理的責任はきわめて大きい。専門家の手によって研究のために行なわれることもあるが、当然みだりに行なうべきものではない。

これらの特殊な技法においては、面接者のはたらきかけが非常に強く、また「会話」が一方向であるという点が、通常の面接法と大きく異なる。したがって、これらの特殊な技法を使った面接は、面接法の項目に含まれていないのが

一般的であり，本書でもとくに取り上げない。

② 面接法の種類と歴史

　心理学の技法としての面接は，面接の動機，目標などの違いから，治療のための臨床的面接法（以下本書では相談的面接法とよぶ：第1部），量的・質的資料収集のための調査的面接法（第2部）の2つに大別できる。前者は，一般に問題や悩みをもった被面接者の要求にもとづいて面接がなされるのに対し，後者は，あらかじめ調べたい事象を面接者が用意してそれを質問項目とし，面接を行なうもので，面接者の側に動機がある。

　さらに，相談的面接は，診断面接と治療面接に分けることができる。診断面接では診断に必要な項目が構造化されており，それについて被面接者に尋ねるという点で，調査的面接と似通っていると考えられる。治療面接では，研究目標をあらかじめ設定して，それにあわせて面接を行なうのではなく，個々の事例に対して，あくまで治癒という目標に向かって面接が行なわれる。

　一方，調査的面接も，質問項目の構造の厳密さ（明確さ）や被面接者の語る自由度によって，構造化面接，半構造化面接などにわけることができる。（表0-1参照）

　以下では，相談的面接法と調査的面接法のそれぞれの発展の経過についてごく簡潔に述べておこう。

相談的面接法の歴史

　面接が心理学の分野において意味をもち始めたのは，治療的な面接においてであるといえよう。歴史的にみれば，治療的面接のはじめとして，フロイト（Freud, S.）による精神分析があげられる。この方法は，前述した催眠面接（後に自由連想法）という特殊な方法を用いているが，それまでの催眠術の魔術的な色彩を取り除き，一応客観的な批判にも耐えうる形で理論化を試みた初めであると考えられる。彼がブロイラー（Breuer, J.）とともに『ヒステリー研究』を出版したのが1895年であり，その後，この精神分析の技法がヨーロッパで発展していった。

　一方，アメリカでは職業指導などのガイダンス（guidannce：指導）の方法

2 面接法の種類と歴史

●表0-1

```
面接法 ─┬─ 相談的面接法 ─┬─ 診断面接
        │                └─ 治療面接
        └─ 調査的面接法
```

が発展して、カウンセリングという相談面接の方法が生み出された。20世紀初頭に職業指導運動が盛んになったが、この運動ではむしろ職業の分析に重点がおかれ、相談を受けに来た人といかに「面接」するかはそれほど問題とされていなかった。その後、この指導を続けていくうちに職業の分析よりも、むしろ相談を受けに来た個人の問題に重点をおくべき場合が多くあることがわかり、個人指導へと目が向けられるようになった。そして、指導（ガイダンス）ということばが、どこか一方的な押しつけ感を与えるのに対し、相談者と被相談者との話し合いが必要であるという点からカウンセリング（counseling：相談）ということばが生まれた。カウンセリングにおいても、精神分析的な理論によることが多かったが、その後、これに対するアンチ・テーゼとしてロジャース（Rogers, C. R.）のクライエント（client：来談者）中心療法の立場が打ち出され、精神分析医でなく臨床心理学者でも治療的面接が可能であるとされた。そして、さまざまな論争の後、カウンセリングの理論は、新しい段階へと発展していき、面接者の態度、人格、面接者と被面接者の人間関係をより深く解明する方向へと向かった。

調査的面接法の歴史

どのような調査や実験にしても、それを行なう人は、「何らかの意味」で面接者と考えられるために、心理学研究の技法としての調査的面接法の歴史はどの程度までさかのぼりうるのか、簡単に述べるのはむずかしい。古くは、1889～1891年に行なわれた貧困に関する研究などがあげられる。

社会調査における面接は、その後の心理学の領域における心理学的測定の概念の発展によって、その妥当性、信頼性がきびしく検討されるようになった。たとえば、面接者の何らかの先入観や偏見などが、面接の結果の判断に影響を与えることや、面接者が面接の結果に対してある期待をもつときも結果

を歪ませることなどが明らかにされた。こうした研究の中からまず考えられたことは，いかにして面接を客観的に行なうかということであった。質問のしかた，被面接者の応答に対する態度などが詳しく検討されていった。そして，客観性という点を強調するならば，面接よりも質問紙の方がすぐれていることになり，質問紙法の発展に力がつくされることになった。たとえばラザルスら（Lazurus, et al., 1952）が，「テストを標準化された面接と考える」と述べているように，それらの発展の基礎に面接があったといえよう。

　一方，このような経過とはまったく逆に，質問紙などによって把握される意識的な側面よりも，もっと深い面を知ろうとする深層面接という考えも発展してきた。たとえば，動機に関する調査や性に関する調査などでは，合理的な判断や道徳的判断などに基づく回答がよせられやすく，実際の個々人の行動とは異なることもあり，必ずしも意識的な判断に基づく回答を信頼できないということが起こってくる。そこで，各人がふつう意識しているよりももう少し深い層の心的内容を把握するための面接が必要となった（そこで使用される具体的な技法が先にあげた催眠などである）。こうした個人の深層や秘密にふれる面接においては，面接者のあり方がきわめて重要であり，倫理的責任も生じてくる。当然，被面接者が心理的損傷を受けないようにすることなどの配慮が必要とされる。

　調査的面接においては，その客観性を強調すると結局は面接よりも質問紙調査，実験，観察などの方法によって置きかえることを意図することになる。したがって，心理学が自然科学的な方法を重視し，客観性を高めるためにさまざまなテストを開発して発展するにつれ，面接法は隅に追いやられる結果となった。そして，「主観性」をどうしても重んじなければならない領域，つまり前述の深層面接や，治療の分野において生き残ってきたといえる。

　しかし，人間は本質的に自分自身の主観的な世界に住んでいるものとして把握すべきであるとする現象学的アプローチや認知心理学の登場によって，心理学の世界において再び人間の「主観性」を重視する立場が復権してきた。それとともに，研究上でも面接法の重要性が浮かび上がってきたといえよう。

③ 面接法の留意点

　一般的にいって，面接においては，面接者と被面接者の間に自然で温かな親和的な心の交流があることが必要とされる。そうした関係の中ではじめて，被面接者は，自己の問題に立ち向かったり，率直に自分の気持ちを語ったりすることができるようになる。こうした関係が生じていることをラポールとよび，深層面接のみならず，客観的な調査的面接を行なう際でも，このラポールが必要となるのが面接法のむずかしさであるといえよう。客観性ということに縛られて，機械的に冷たく接し，相手が嫌に感じたり，非協力的になったりすると結果に歪みが生じる。しかし，ラポールが重要だといってもそれは単に親しい関係がよいとはいえない。「親しく」しようとしすぎるとこちらの態度が相手の応答に影響を与えることがあり，個人的な親しさが面接をかえって妨害することもある。

　このように面接法における人間関係の問題は，非常に重要で困難な課題である。しかし，逆に人間関係のことを研究するには，面接法がもっとも有力な方法であるともいうことができる。客観的な調査的面接を行なうときでも，調査に必要な人間関係を結ぶためにはある程度の主観的な交わりが必要とされるし，治療のために主観的世界に入りこむときでも，どこかで客観的な態度を保持しておかなければならない。このバランスを崩すと面接は無意味なものとなったり，危険なものとなる。こうしてみると面接は容易なことではなく，きびしい訓練が必要だと考えられる。

　調査的面接でも，こうした点に配慮しつつ，どのような目的で，どのような面接を行なうのかについて慎重に検討を重ねることが求められる。また，他の諸方法と同様に，被面接者のプライバシーを侵害したり，心理的損傷を残すことのないよう倫理的な責任が問われることを忘れてはならない（続・村上，1975）。

④ 面接法を使った卒業論文を書くにあたって

　筆者の所属する大学のコース（教育心理学専攻）では，卒業論文を書く学生

は毎年およそ50人ほどである。このうちの大半（7・8割）は，質問紙法を使っており，残りのものが実験法あるいは観察法である。この中に本書でも勧めているように質問紙法など他の方法と面接法を併用するものが数人いるだけで，面接法だけを使って書くものは，年に1人いるかいないかといった状態である。

　こうなってしまうのには大きくいって二つの理由が考えられる。ひとつは，そもそも心理学のなかで面接法を使った研究が少なく，学生がそうした研究に接する機会すらないことであろう。先に述べたように，心理学はその発展とともに客観性を重んじる方向が強くなってきたために，主観性が入る面接法は治療の分野などかぎられたところでしか重視されなくなってきた。現在では，主観性の復権がなされてきたとはいえ，専門誌で見るかぎりではまだまだであり，そうした研究を目にすることはむずかしい。あるいは，近年めざましい発展を遂げつつある臨床心理学においても，面接法を使った研究としては実際の治療を行なった事例研究がそのほとんどを占めている状態である。そうした事例研究を行なうには，カウンセリングの専門的訓練が先立つことになり，大学院の修士論文においてもむずかしいといわれる。したがって，面接法を使用した事例研究以外の研究を目にすることすらなくなってしまうことになっている。（本書ではそうした点を考慮して，7章において相談的面接法，15章において調査的面接法による実際の研究を紹介している。）

　もうひとつは，学生にしてみれば面接法で行なうといってもどのようにやればいいのか見当もつかないというのが大きな理由だろう。質問紙法の研究には接する機会も多く，統計の授業など受けていれば，質問紙法で卒論を書く道筋は明らかである。それにくらべて，面接法はまさに闇の中を歩くような感じだろうし，どうまとめたらよいのかという意味では，頂上さえ見えないといったところだろう。本書は，そうした意味で面接法で卒論を書くときの粗い道筋を示したものといえよう。

引用文献

井村恒郎・木戸幸聖　1965　面接　秋元・他（編）　日本精神医学全書第2巻　金原出版　Pp. 1-24.
Lazarus, R. S. & Shuffer, G. W.　1952　*Fundamental concepts in clinical psychology*. McGraw-Hill.
Sullivan, H. S.　1954　*The psychiatric interview*. W. W. Norton.　中井久夫（訳）1986　精神医学的面接　みすず書房
続　有恒・村上英治（編）　1975　面接　心理学研究法第11巻　東京大学出版会

第1部 相談的面接法の理論と技法

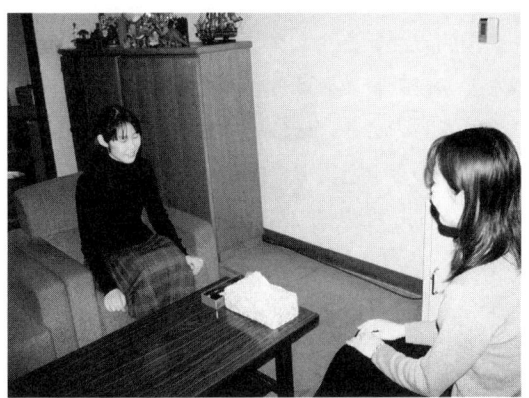

第1部では，1章において相談的面接法を概観した後，2，3章で面接の基礎訓練としての「人の話を聴く」体験学習を紹介する。それに取り組んでから4，5，6章の実習で，実際の面接の可能性とおもしろさ（同時にむずかしさ）を感じてほしい。最後の7章では，相談的面接法の研究の実際のイメージがつかめるだろう。

1章 相談的面接法の概観

① 相談的面接法の定義

　一般的には臨床的面接法，本書では相談的面接法というところの「相談的」ということばをもう一度ここで整理しておこう。

　序章で述べたように，相談的面接法の目的は心理的援助に他ならない。しかし，この心理的援助の理論と方法については，カウンセリングと心理療法（psychotherapy）というふたつのことばが混乱して使われている現状がある。そこで，まずはじめにそれぞれをその歴史的経緯（序章でふれた二つの歴史と対応している）を含めて定義しておこう。

　前者は，ガイダンスとよばれた職業指導から発展してきた。序章で述べたような理由からガイダンスということばからカウンセリングということばに変わり，個人の職業選択への援助を職業的カウンセリング（vocational counseling）といっていたが，後に進路指導など学校教育における心理的援助をカウンセリングというようになった。なによりもこのことばには，ロジャースの来談者中心療法の考え方である「人間は生まれつき自己実現に向かって行動する存在である」という人間観がこめられている。したがって，心理的成長を援助するという側面が強い。

　他方，心理療法は，精神分析をその源流として，医学および伝統的臨床心理学において使われてきたことばである。「療法」とは治療を意味し，そこでは個人の心理的問題を治療することが心理的援助にあたる。

　したがって，わが国でも「潜在能力重視の人間観と教育的見地を重視する人はカウンセリングということばをより好んで使い，医療関係で仕事をしている人は心理療法（あるいは精神療法）という言葉を好む傾向がある（平木，1997）」といわれている。しかし，もともとカウンセリングも心理的問題への援助を含むという考え方（立場）もあり，ここでいうカウンセリングと心理療法の両者を含めた広い（広義の）定義もありうる。すなわち，カウンセリング

とは「情緒的問題を持つ人々と，基本的に自らの生き方に問いを投げかけている人々に対する，心理的コミュニケーションを通じて援助を与える人間の営み」とされる（佐治ら，1996）。

一方，先に述べたように両者を区別する場合，心理療法の対象は病者でその目的は現実生活に引き上げること（つまりは治療）であり，カウンセリングの対象は健常者でその目的は現実生活でさらに自己実現できるように援助すること（つまりは心理的成長）であるとされる（国分，1980）。

本書ではこうしたことばの混乱を避けるため，また（こちらの方が大きな理由であるが）面接を用いた卒業論文を視野にいれているため，狭い意味（狭義）でのカウンセリングと同じ意味で「相談的」ということばを使うこととする。したがって，ここでいうところの相談的面接法とは，心理的成長を援助する狭義のカウンセリング面接をさす（表1-1）。

② カウンセリングの基本的理論

心理療法（あるいは広義のカウンセリング）は，フロイト以来およそ1世紀の歴史をもつが，狭義のカウンセリングは第二次大戦後に生まれたとするのが一般的であり，いまだ約50年ほどの歴史しかない。しかし，そのうち前半の2・30年の間に何百もの新しい理論や技法が生み出されるほどの急速な発展を遂げた。そのため1960-70年代にかけて，それらの諸理論・技法間における対立・論争が激しく行なわれたが，こうした対立・論争は各派において活発な交流と研究を生み出すことにもなり，さらなる展開への推進力となっていった。

やがて交流と研究が進んだことにより，各派間のちがいや共通点が明らかになり，なによりも訓練を積んだ経験者ほど各派間の理論や技法に差がなくなる

●表1-1

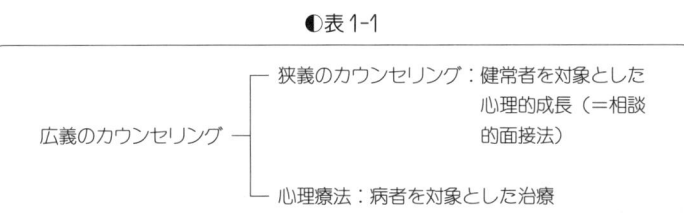

ということが確かめられていった。そして，1980年代以降，理論的には各派に共通する要因を明らかにする動きと，技法論的には有効な技法を効率的に組み合わせる統合の時代に入ったといわれる。

統合理論といっても，その説明する人の切り口よってまちがった解説になってしまうが，ここではロジャースのあげた各派に共通するというカウンセラーの基本的態度にふれておこう（たとえば，平木（1997）は統合の原理としてシステム理論をあげているが，「ロジャースの説は，どんなカウンセラーであろうとも当然身につけるべきものだと信じている」と述べている）。

ロジャース（Rogers, 1957）は，カウンセリングにおいて，以下にあげる6条件が存在し，かつ，それらが然るべき間存在し続けるならば，建設的な方向にパーソナリティが変化する歩みが，結果として生じると述べている。

1．2人の人間が心理的な接触をもっていること。
2．第1の人—この人をクライエントと名づける—は，不一致の状態にあり，傷つきやすい，あるいは，不安の状態にあること。
3．第2の人—この人を治療者とよぶ—は，この関係の中で一致しており，統合されていること。
4．治療者は，クライエントに対して無条件の積極的関心をもっていること。
5．治療者は，クライエントの内部的照合枠に共感的な理解を経験しており，そして，この経験を来談者に伝えるよう努めていること。
6．治療者の共感的理解と無条件の積極的関心がクライエントに必要最低限は伝わっていること。

この中の第3から第5の条件，すなわち，自己一致，無条件の積極的関心，共感的理解が，カウンセラーの基本的な態度を示している。以下において，この3つの基本的態度について少し詳しく見ていくことにしよう。

自己一致　「関係の中で一致している」ことについて，ロジャースは，治療者が純粋で偽りのない姿で関係の中にいることと説明している。治療者が専門家としての仮面で接することなく，自分自身であるほど，来談者は建設的変化を示すことをロジャースは，多くの経験の中で発見した。これ

は，治療者が来談者と会っているその瞬間に，自分の内部でうごめいているいろいろな感情を自分自身に否定しないこと，そして，クライエントに対してそれらの感情をもった自分自身を透明に示すことを意味している。ロジャースは，次のようなことばでこれを示している。「クライエントとの接触によってどうもつまらない感じがしている，と感じて，この感じが続くならば，私は彼のために，およびわれわれの関係のために，この感じを彼とともにわかたなければならないと思うのである」(Rogers & Truax, 1967)。

しかし，治療者が，どこまで自分の感じを来談者に伝えるかはきわめてむずかしい問題であり，クライエントとは無関係に自分の感情のままに勝手に動いてよいということでは，もちろんない。ここで，治療者にまず求められているのは，自分の内奥から聞こえてくるどんな声も意識して拾い上げる作業を続けることであり，自分の体験を否定しないでいられることであるといえよう。

無条件の積極的関心

「無条件の積極的関心」は，よく「無条件の受容」と表現されているものである。受容について何も条件がないことであり，「私があなたを好きなのはあなたがかくかくしかじかだからだ」という感情がないことを意味している。それは，一個の人間として，相手の存在を丸ごとたたえることであり，「あなたはこういう点は悪いが，こういう点は良い」といった選択的評価的態度と正反対のもである。面接中のクライエントの態度や表現される感情がどんなに否定的であろうと肯定的であろうと，あるいは矛盾していようとそのこととは関係なしに，その瞬間瞬間の相手をそのまま受け取ろうと，自分自身のありようを模索することが治療者に求められる。

共感的理解

この条件では，クライエントの体験しつつある過程を，治療者が正確に共感的に理解しようと，自分自身のありようを模索することが求められている。共感的理解とは，クライエントの私的な世界をあたかも自分自身のものであるかのように感じ取り，しかもこの「あたかも――のように」という感覚を見失なわずに知覚しようとすることを意味している。それは，プロセスであり，相手の私的な世界に入って，その内部で瞬間瞬間に感じとられている意味や体験しつつある恐れ，怒り，優しさ，混乱などをその

都度感じとることであるといえよう。

　こうしたカウンセラーの基本的態度がどのようにクライエントの変化を引き起こすかについて，ロジャースの説明を引用しておこう。

　「人間は受容され，評価されるときに自己自身を大切にする方向で成長するからなのです。共感的に聴いてもらうとき，自己の内面で動く体験に耳を傾けることができるようになるのです。個人が自己を理解し評価するときにのみ，自己は経験と調和をもつようになるのです。このようにしてより真実になるのです。これらは治療者の態度の反映であり，個人をしてより効果的に成長していく人間に変えるのです。そこには真の全人となる自由が存在します（Rogers, 1980）。」

　さらに，上であげた3条件のうち，ロジャースは，カウンセラーの，純粋さもしくは一致という条件が一番の基本であると述べ，それがなければ，受容も共感も満足のいくような程度まで存在することがほとんどできないであろうと述べている。カウンセラーの体験を欺いた，表面的な受容や共感は，関係において意味のあるものとはなりえないということである。クライエントの言うことを受け入れていくと同時に，カウンセラーが自分自身であろうとすることとの間には，必然的に対決が生じざるをえない。カウンセラーの内部におけるこの葛藤が，まさにクライエントの体験している葛藤と対応し，そこにより深いカウンセリング的共感が可能となるといえるのである。

③　カウンセリングにおける具体的な応答

　上記で述べたことをより具体的な応答のレベルで考えるために，技法の統合を主張したアイヴィ（Ivey, 1985）の「マイクロ技法の階層表」（図1-1）を使って説明してみよう。

　彼によれば，すべての面接法は，（図の一番下にある）それぞれの面接が行なわれる文化に適合した「かかわり行動」＝相手に関心を向ける方法を基盤としている。たとえば，挨拶ひとつとってみても，日本ではお辞儀，アメリカでは握手といった具合に文化や習慣によって対人行動はその入り口からちがってくる。図の最初に書いてある「文化に適切な注目」は，相手の話を積極的に聴

3 カウンセリングにおける具体的な応答

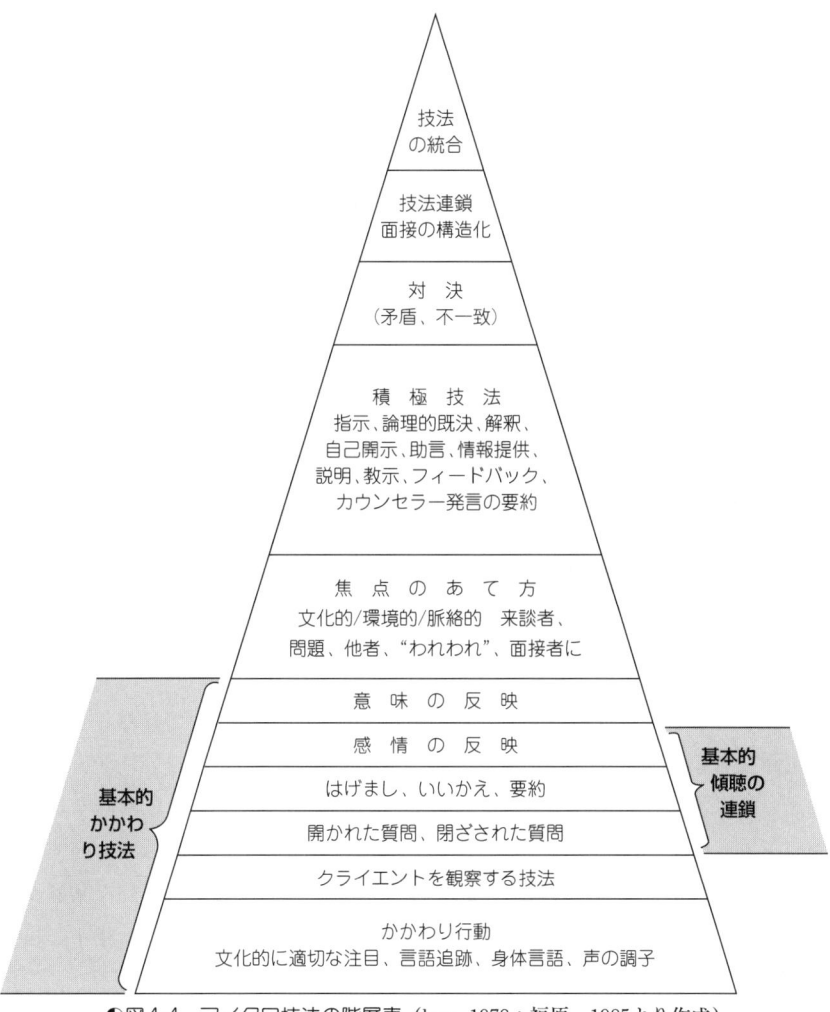

●図1-1 マイクロ技法の階層表（Ivey, 1978；福原, 1985より作成）

くときの視線を意味するのだが，これもまたアメリカ文化では当然相手の目を見るのに対して，日本ではそれほどはっきりとは見つめないことが多い。回りのカウンセラーたちに聞いても，「漠然と相手の顔を見ている」といった答えが返ってくる（ちなみに読者も2章の傾聴訓練で意識してやってみるとよいだろう）。そのほか，面接するとき，つまりは相手の話を聴くときの位置（正面

か斜めか，あるいは横かなど）や，自分の姿勢（前かがみになるか，足を組むかなど）は，「身体言語」に含まれる。

その上部には，「クライエントを観察する技法」として表情や服装，態度など非言語的側面（いわゆるノンバーバルコミュニケーション）への重視があげられている。こうした側面はふだんは見逃されやすいが，きわめて重要であることをここに確認しておきたい（7章参照）。

さらにその上にいくと，具体的な対話における技法として「開かれた質問，閉ざされた質問」「はげまし，いいかえ，要約」「感情の反映」，「意味の反映」の4つがあげられているがここでは「開かれた質問，閉ざされた質問」について説明しておこう。

「閉ざされた質問」とは，「はい」「いいえ」を筆頭に単純な答えが可能な質問をさす。たとえば，家族について尋ねるときに「ご家族は何人ですか？」あるいは「ご結婚されてますか？」という質問では，「4人です」「はい」（あるいは「いいえ」）といった単純な答えが返ってくることになる。これに対して「ご家族について話していただけますか？」という質問の仕方の方がより多くの情報が得られやすい。これが「開かれた質問」である。前者が，面接者が質問し，被面接者がそれに答えるという一問一答になりやすいのに対して，後者は被面接者の自発性をうながすことになる。しかし，相手の自発性が大事だからといって常に「開かれた質問」がよいとはいえない。あまりに曖昧な質問には何を言ってよいか戸惑ってしまうこともあるからである。曖昧さが高すぎるとかえって相手に不安を与え，その不安に対する防衛として表層的な話ばかりすることにもなりかねない。また，質問が曖昧であればあるだけ，相手の自由度が高くなるので問題の焦点からそれていってしまうこともあり得る。

残りの3つは，2章の中で具体的に取り上げられるのでここでの説明は省略するが，いずれも先に取り上げたロジャースのクライエント中心療法における「共感的理解」のための具体的技法として強調されてきたものである。すぐれたカウンセラーならば皆共感性はきわめて高く，当然こうした技法を使っており，ここまでのものはカウンセリング各派に共通の基本的かかわり技法といわれるものである。

そして，その上にある「焦点のあて方」は，相手の話しの流れをこちらが必

要だと思う方向に焦点づけ，それによって相手が次に話す内容がこちらの主導で決まっていくという技法である。ここでは，当然どこに焦点をあてるかによって各派の特徴が出てくる。同様に，これより上の技法は各派によってその使い方にちがいが出てくるもので，ここではその説明は省略する。詳しくは，参考書にあたってほしい。

④ カウンセリングにおける訓練の問題

　一般的には，カウンセリング学習には，理論学習・体験学習・実習の3つの柱があるといわれている（佐治ら，1996）。このうち理論学習における要点は，序章およびこれまでの本章で述べてきており，さらなる本格的な学習は本書の性格からいって参考文献（ここであげた平木（1997），国分（1980），佐治ら（1996）など）に譲ることになる。カウンセリング学習の中核ともいうべき体験学習が，2・3章の傾聴訓練（紙上応答構成とロールプレイ）であり，面接で卒業論文を書くための体験学習が4・5・6章になる（このうち4章の同一性地位面接が診断面接にあたり，5章の回顧法によるいじめ体験の半構造化面接および6章の進路指導面接がカウンセリング面接にあたる）。

　2・3章で取り上げる傾聴訓練は，実際のカウンセリング学習の中で行なわれるものであるが，紙面の都合もあり当然これで十分というものではない。ごく初歩的なものを掲げたのであり，面接で卒業論文を書くならばこれぐらいはやっておいてほしいと思われるものである。実際，4年生で論文を書くことを考えれば，4・5・6章も含めて3年生までに体験することが望ましい。もし，適切な指導者がいれば，この傾聴訓練だけで半年（ないしは一年）の演習（すなわちカウンセリングの基礎演習）として行なってもよいだろう。

　また，ここでいうところの実習は，実際にカウンセリングの面接をすることをさすので当然本書の範囲内ではない。現在では，実際のカウンセリング面接を行なう本格的な学習は，大学院以上のレベルで行なわれているといってよいだろう。

第1部　相談的面接法の理論と技法

1章　相談的面接法の概観

引用文献

平木典子　1997　カウンセリングとは何か　朝日選書

Ivey, A. E.　1983　*Intentional Interviewing and counseling*. Brooks/Cole Pub. 1982 *Basic attending skills*. Microtraining Associates.　1978　*Micro Counseling*. Charles C Thomas. 福原真知子・他（訳）　1985　マイクロカウンセリング　川島書店

国分康孝　1980　カウンセリングの理論　誠信書房

Rogers, C. R.　1957　*The necessary and sufficient conditions of therapeutic personality change*. Journal of Consulting Psychology **21**, 95-103. 伊東　博（編訳）　1966　ロジャース全集第4巻　岩崎学術出版

Rogers, C. R.　1980　*A Way of Being*. Houghton Mifflin. 畠瀬直子（監訳）　1984　人間尊重の心理学　創元社

Rogers, C. R. & Truax, C. B. 1967 The therapeutic conditions antecedent to change. In Rogers, C. R., Gendlin, E. T., Kiesler, D. J. & Truax, C. B. (eds), *The Therapeutic Relationship and its Impact*, University of Wisconsin Press. Pp. 97-108. 反田不二男（編）　1972　ロジャース全集19　サイコセラピイの研究　岩崎学術出版

佐治守夫・岡村達也・保坂　亨　1996　カウンセリングを学ぶ　東京大学出版会

コラム① 家裁調査官の面接

　調査官は，家裁の門をくぐるさまざまな人々と接している。犯罪を犯してしまった少年とその保護者，離婚問題や遺産相続の紛争等に直面してしまった人たちである。調査官はそのような人たちと面接し，非行や紛争の実態を明らかにするとともに，そうした事態にいたった経過や背景を把握し，解決に向けての指針を含めて裁判官に報告している。審判や調停の場に出席して，裁判官や調停委員等とカンファレンス（事例検討会）をしながら問題解決にあたることも少なくない。関係機関と連携を保ちながら事件の進行を考えることが重要な場合もある。そのような調査官の業務のなかで最も中心的なものは面接である。

　調査官が面接するのは，「非行からの脱却」や「紛争の解決」という現実的な課題を抱えている人たちである。そのような人たちに，調査官は，いままでにどのようなことがあり，それをどのように受け止めてきたのかをていねいに聞いていく。ていねいに聞くとは，基本的な傾聴の姿勢を維持しつつ，現実的視点から疑問を正したり確認の作業を適切に行なうということである。現実的視点の基礎となるのは，健全な常識人としての感覚と専門家としての勘である。家裁のもっている役割機能や法的枠組みも，現実的視点の重要な要素となっている。このような作業を通じて，調査官は，その人が生きてきた外的，内的現実の一部をその人と共有し，そのうえで，これからのことに焦点をあてていく。

　いろいろなことがあり過ぎて，事実や感情が入り乱れ，訳がわからなくなっている人であっても，いやそうした人であるからこそ，いままでの自分の状況や心情を語ることのできる相手と出会ったとき，自分の立場や事態をふりかえるゆとりを取り戻し，実現可能な解決への第一歩を踏み出すことができるのではないだろうか。面接の中で話しやすい関係をつくること，このことは面接者としての調査官にまず求められることである。

　それにつけても，家裁で出会う人々の背負っている痛みや悲しみの重さ，現実の厳しさの前に立ちすくむことが少なくない。人の世のきびしさを思い知らされ，無力感におそわれることもある。しかしながら，その人の背負っている世界や心情に調査官がふれ，懸命に生きている姿に共感したとき，人は少しだけ生きていく楽しさを感じるようである。そんな感じが心のエネルギーとなって，自分自身と周囲の状況への新たな気づきや今までとは少しちがった生き方へとつながるのではないだろうか。そんな人たちに接するとき，調査官は，人の素晴らしさや可能性とともに仕事への誇りを感じることができ，次はどんな人に出会えるか楽しみになったりするのである。

（野々村実夫）

2章 相談的面接法の実習：傾聴訓練1（紙上応答構成）

　1章でも述べられているように，カウンセリングの本質は，クライエントが自分自身で自分の考えを進めていく手助けをすることにある。研究のための相談的面接においても基本的な考え方は同じである。そのため相談的面接では，被面接者（以下，話し手）が自分の世界（こちらの思いも寄らない展開や深まりのある世界）を自由に探索できるように面接者（以下，聞き手）ははたらきかける。質問紙調査のようにこちらが知りたいことについての答えを聞くことが目的ではないし，こちらの興味のあることがらについての情報収集することが目的でもない。これは私たちが日常的にしている会話とは相当に異なったものであって，特殊な応答の技法を身につける必要がある。

　ここでは筆者が相談的面接において最も重要と考える基本的応答技法を取り上げ，紙上での応答訓練を通して解説する。以下の実習では，課題を読んで自分で考えて応答文を作成すること。

① 実習1：普通の会話との違いを確認する

　読者は次のような話を聞かされた場合，どのような応答をするだろうか。応答文を作成してみよう。

話し手　女子大生　20才
課題　「つい最近，彼と別れたの」

応答

応答例
　　a．それはショックだったでしょう。
　　b．私も別れたんだけど，男って勝手よね。
　　c．彼って，いくつ？
　　d．どの位つきあっていたの？

解説　ここでは普通の会話でありそうな応答例を挙げたが，いずれの応答も

1 実習 I：普通の会話との違いを確認する

聞き手のある思考過程を経て生み出されたものである。たとえばａは「恋人との別れ＝悲しいできごと」という前提で応答している。ｂは「慰めようと思った」のか「怒りがよみがえった」のか，自分の体験を語っている。ｃやｄは「年齢やつきあいの期間を聞いてからでないと判断できない」と考えたのかもしれない。このように私たちは相手の話を聞くことで起こってくる自分のいろいろの気持ちにそって反応している。したがって，上記応答例以外にもいろいろな反応があり得る。

しかし相談的面接ではこのようには応答しない。もし話し手が実は「長い間もめていて，彼と早く別れたがっていた」とする。その時，「慰めようと思って」応答すると，話はどのように展開することになるだろうか……。聞き手が勝手に自分の想像を交えて理解したり，自分が興味をもったことについて聞いたりすることで，話し手の本当の気持ちを聞き逃し，話し手の気持ちの流れとは違った方向へ話をもっていってしまう危険性がある。話し手に自分の世界を自由に探索してもらおうとするならば，聞き手は話し手の発言の意図が完全には分かっていないので，安易に答えることはしない。しかし聞き手が無反応では話し手は話す意欲を失ってしまう。相談的面接ではたとえば次のように応答する。

回答例 「あなたは，つい最近，彼と別れたんですね」
「つい最近，彼と別れる，ということがあったんですね」
「つい最近，彼と別れたのね」

読者にとって，この応答は日常会話にくらべると相当に異和感があるのではないだろうか。しかしこの応答によって，こちらが話に関心をもっていることを伝えながら，話を方向づけずに話し手の流れを尊重できるのである。この応答であれば，最低限，話し手を傷つけることが少なくて話を聞くことができるのである。この技法は俗に「おうむ返し」とよばれ，「おうむのように」文字通り相手の言ったことをそっくりそのまま言い返すことである。

さて基本的応答技法は論者によってさまざまに分類されているが，ここでは細かい分類用語にとらわれないで実践的に練習を進めたいと考える（ちなみに，上記の回答例は1章で紹介されたアイヴィ（Ivey, 1985）によれば，「はげまし」の技法に当たる）。

2 実習2：語られた内容をそのまま返す練習

では，早速，応答の基本である「おうむ返し」に取り組んでほしい。

話し手　学生相談室に来た学生

課題1　「今日の午後，心理学の試験があるんです。教科書は持ち込み可なんですけど。じつは，昨日，風邪をひいてしまってまったく勉強できていないんです」

応答

回答例　「今日の午後，心理学の試験があって，教科書は持ち込み可なんですね。でもあなたは，昨日，風邪をひいてまったく勉強できてないんですね」

話し手　学生相談室に来た学生

課題2　「クラスの代議員に選ばれてしまって，みんなが選んでくれたんだと誇らしいような気持ちにもなるんですけど，本当はただ面倒なことを押しつけられたんじゃないかと思ったりもして」

応答

回答例　「クラスの代議員に選ばれてしまって，みんなが選んでくれたんだと誇らしいような気持ちにもなるんだけど，本当はただ面倒なことを押しつけられたんじゃないかと思ったりもするんですね」

解説　課題2では，代議員に選ばれたことについて2つの気持ちが語られているが，どちらの気持ちの方が強いのか，あるいは両方同じくらいなのかは分からない。もし「クラスの代議員に選ばれて，面倒なことを押しつけられたんじゃないかと思っているんですね」のように返すと，話し手の「誇らしい気持ち」の方は落とされてしまう。本当は誇らしい気持ちがとても強いのに，話すことで自慢しているように取られるのが心配で「いやあ，ただ面倒くさいことを押しつけられただけだと思っているんですよ」と言い訳しているだけだとしたら，この応答はまったくの誤解になってしまうし，この人も今さら「本当は誇らしいんです」とは言いにくくなってしまうだろう。また

人は2つの気持ちを同時にもち，どちらとも決められないでいることも多い。このような時も，まさに2つの気持ちを2つともきちんと返すことで葛藤状態をそのままに受け止めることができる。

　後で勉強するように別の応答技法もあるのだが，少なくとも相手の話の流れを妨げないことは相談的面接の最低限の条件であるので，話がまだよく飲み込めていない時には「おうむ返し」は有効な技法である。

　とくに初心者は語られた事実にしても感情にしても，ほぼそっくり話し手の使ったことばで「～なんですね」と返す練習をしてほしい。そっくりそのまま返すことは，実際に試みると抵抗があって，簡単なようでいてむずかしいものである。

3　実習3：感情の反射

　さておうむ返しができるようになり，実際の面接場面で使おうとするといろいろな困難にぶつかる。たとえばおうむ返しをしたら沈黙に入ってしまったとか，長い話を一気にされてとてもおうむ返しなどできないとかなどである。そこで話のポイントをつかんで返すことが必要となる。次にその技法のひとつとして，感情の反射を取り上げよう。

　話し手の話は，ことがら（事実），気持ち（感情），ことがらの中に込められた気持ち（事実と感情のミックスしたもの）の3つの部分からなりたっていると考えることができる。話し手が話したいこと，分かってもらいたいことは気持ち（感情）である場合が多い。そのため，語られたことのなかで中心的な感情を取り上げる技法が「感情の反射」である。「あなたは今，～という気持ちなんですね」，「あなたは～と感じているように思われますが」のように，感情に焦点をあてて返す。では感情に焦点をあてた応答文を作成してみよう。

話し手　学生相談室に来た学生

課題1　「今日の午後，心理学の試験があるんです。教科書は持ち込み可なんですけど。じつは，昨日，風邪をひいてしまってまったく勉強できていないんです。それで不安で，不安でしかたがないんです」

第1部　相談的面接法の理論と技法

2章　相談的面接法の実習：傾聴訓練1（紙上応答構成）

応答

回答例　「あなたは，心理学の勉強ができていないので，不安で，不安でしかたがないのですね」

解説　表現された気持ちを，話し手のことばをそのまま用いておうむ返しすることは大変重要である。ひとつのことば，たとえば「不安」ということばでも，一人ひとりがそのことばに感じているイメージは微妙に違うものである。ましていくら似たことばでも聞き手が話し手の使ったことばとは違ったことばで応答すると（例：「不安」→「心配」，「焦っている」，「動揺している」，「怖い」など），聞き手は同じことを言ったつもりでも話し手には違った風に受け取られたと感じられることも少なくない。人が自分の気持ちを表現するために選んでいることばにはその人なりの特別な意味があるので，それを尊重してそのままのことばで返すことが望ましい。

　もうひとつ「感情の反射」を使って応答の練習をしてみよう。

話し手　会社の相談室に来た男性　60才

課題2　「どうぞお話し下さい」と言った後，「末っ子の娘も，来月，嫁ぐことになり，やっと親のつとめも終わります。これからどうなるのかなあと思いまして」と話して，面接者の顔を見て待っている。

応答

回答例　「これからどうなるかあと思っていらっしゃるんですね」
　　　　　「これからどうなるのかなあと」

解説　この課題では，「これからどうなるのかなあ」という漠然とした感情が語られているが，回答例のように感情部分をおうむ返しされると，そこに聞き手が関心をもっていることが伝わる。すると話し手は自分の漠然とした気持ちについて，さらに踏み込んで話そうという気になりやすい。その結果，①「妻と二人きりになるのでちょっと不安なんです」と言うかもしれないし，②「これからは自分のために時間もお金も使えるので，人生にいろいろな可能性があるなあと楽しみ」と話すかもしれない。たとえば，①の場合，「不

安な感じがあるんですね」とか「不安な感じ」と感情をおうむ返しすると，さらにその不安について語ってくれる可能性がある。「いままで大きな家を維持するのに娘の収入に頼っていた部分があるので，私と妻の年金の収入でやっていけるか心配」なのか，「子供が生き甲斐だったので，これから何を考えて生きたらいいか」，あるいは「じつは妻とは不仲で，いままでは子供の話題で何とかやってきたがこれからは話すこともない」などなど。このように，感情のおうむ返しは，話し手の世界を展開してもらう効果的なきっかけとなりうる。

④ 実習4：いいかえ

次に話のポイントをつかんで返す技法として「感情の反射」のほかに，「いいかえ」の技法を取り上げよう。「感情の反射」は話し手が主観的に話したいと感じている感情に焦点をあてるが，「いいかえ」はより客観的に話された話の内容の方に注目し，問題点を明確にする技法である。今度は「いいかえ」で応答文を作成してみよう。

(話し手) 学生相談室に来た学生

(課題①) 「今日の午後，心理学の試験があるんです。教科書は持ち込み可なんですけど。じつは，昨日，風邪をひいてしまってまったく勉強できていないんです。それで不安で，不安でしかたがないんです」

(応答)

(回答例) 心理学の試験勉強がまったくできていないことが問題なんですね」
「あなたは，心理学を落とすと，何かまずいことになると考えているのですね」

(解説) 話のポイントをつかんで返す場合は，当然のことながら，話し手の話を正確に理解し伝えることが重要であるが，実際には非常にむずかしい。またもとより，話し手の話が要領を得ず，いくら聞いても何を言いたいのかがつかめないような時もある。そのような時には「……と理解してもよいですか？」「……ということでしょうか？」のように話し手に訂正の機会を提供

第1部　相談的面接法の理論と技法

2章　相談的面接法の実習：傾聴訓練1（紙上応答構成）

し，話し手に確認しながら話を進めていく，というくらいの謙虚さ，慎重さが望まれる。

　ここで挙げた課題はいずれも短いが，話し手によっては長い話を続ける場合もある。そのような時には，たとえば間を見つけて「ちょっと待って下さいね。いま，あなたがお話になったのは，〜について，〜と言ってらっしゃるんですね」のように，「いいかえ」のひとつとして話を要約する。

（話し手）　教育相談室に来た父親

（課題2）　「じつは高2の息子が夜，友だちを呼んで騒ぐんですよ。奇声を上げたりして。それで困って……息子は登校拒否をしていまして，長いこと学校の先生にも相談しているんですが，全然よくならなくて……先々のことも心配だし……最近は，昼は寝ていて，夜になると友だちを呼んで騒ぐようになって，コンビニに行って何か買ってきては食べたり，生活リズムもめちゃくちゃなんですよ。私も家内もほとほと疲れて……家は団地なもので，上の人の迷惑になっているんじゃないかというのも心配だし……。団地にいられなくなるのではないかと，家内もノイローゼみたいに心配しているんです……。先生，どうしたらいいでしょう……。こういうことで追い出されることなんてあるんでしょうか」

（応答）

（回答例）　「息子さんのことで，いろいろ心配していて，このままでは住居（すまい）を失うことまで考えているですね」

（解説）　困って相談に来ているような場合は，話し手も混乱していることが多い。話している内に話があっちこっちに行ってしまい，話し手自身にも何を言いたいのか分からなくなってしまうこともある。この課題の場合，話し手は子どもの登校拒否にも困っているし，昼夜逆転にも困っているし，子どもの食事のことも悩みだし，近所の反応も心配だし，おろおろする妻の対応にも困惑していることは確かなのであろう。しかしカウンセラーが個々の問題全部に反応してしまうと，カウンセラー自身もクライエントも共に何の話をしているのか分からないという状態になってしまう。そこで，一番ポイント

になっているのは何か，話の大筋をつかんで整理することが必要になってくる。分からないこと，気になることが沢山あっても，とりあえず置いておき，この人が今一番問題にしているのは何かを考えて返すことが重要である。

5 実習5：感情の明確化

すでに述べたように，話し手自身が分かってほしいことは感情であることが多い。しかし実際には感情は直接表明されることばかりではない。会話の多くは事実を語りながら気持ちも含まれるといったものであるし，あるいは気持ちを伝えるために事実を話していることも少なくない。そこで，話し手が訴えようとしている気持ちを汲み取って，聞き手のことばでフィードバックする（言い当てる）技法がある。これが感情の明確化である。次には語られた事実にどんな感情が込められているのか，「感情の明確化」を使って話し手の気持ちを読みとって返してみよう。

話し手 学生相談室に来た学生

課題1 「今日の午後，心理学の試験があるんです。教科書は持ち込み可なんですけど。じつは，昨日，風邪をひいてしまってまったく勉強できていないんです。来年，心理のゼミに入りたいので。心理学を取っていることがゼミに入るための条件なんです」

応答

回答例 a．「あなたは今，心理学を落とすことがとても不安なんですね」
b．「あなたは今，ゼミに入れなくなってしまうのではないかと，心配になっているんですね」

解説 人は自分にとって不都合な感情や認めたくない気持ちがあると，知らず知らずのうちに，そのことから目をそむけたり気づかなかったりすることがある。極端な例を挙げると，よき母親になりたいと思っている人ほど，子どもに対して憎しみをもっていることには気づきにくいし，ボランティアをしている人の中には，人のために尽くしたいと思う余り，相手に対する否定的感情を意識化しにくい人もいる。ある感情を抱いているのにそれが自分で

はっきりとつかめていない時，聞き手がそれを言語化すること（感情の明確化）によって，話し手は「あー，そうなんだ」と気づいて初めて先に進むことができる。

以下に，自分で練習するために，「感情の明確化」の課題を挙げるのでやってみてほしい。ここではあえて回答例をあげないので，皆で話し合ってほしい。

話し手 若い保育士さん

課題2 「私の園では，それぞれ子どもの担当が決まっているんですね。私はどの子どもも同じように可愛いし，同じように接してあげようと思うんですね。でも今年から来た保育士は自分の担当をはっきり区別するので，……私が彼女の担当の子どもに何かしてあげようとして，前に少し言われてしまったことがあって……。彼女も保育士としては経験があると思うんだけど……。それでたまたま，この間，園でバレーボールを職員みんなですることがあって，私が前衛で動いていたら，『あなたは動きすぎる。少しは周りに任せてよ』と彼女に言われてしまって，私は何も言えなくて……」

応答

話し手 主婦　28才

課題3 「友だちは私の家にばかり遊びに来たがるんです。来る時はお菓子から紅茶からポットからカップまで大きな袋に下げて持ってくるんです。それでいて私のことは一度も家に呼んでくれないんですよ。そういうのっておかしいですよね？　でも他の人は家に呼んで居るんですよ。……それで家に来る時は砂糖やミルクは持ってこないで，いつも私の家のを使うんです。いったい私のことをどう思っているのか……私は彼女に利用されているんじゃないかと思うんですよ」

応答

6 おわりに

　本章では，筆者が重要と思う基本的応答技法を取り上げて解説してきた。実際の面接場面ではこれ以外にも，「うん」，「なるほど」と受け止めたり，「それで」，「もう少しお話しいただけますか」と励ましたり，「～について説明していただけますか？」，「～はどういう意味ですか？」などと話を理解するために必要と思われることについて質問することもある。

　応答技法は単なるテクニックではなく，「カウンセラーの基本的態度（自己一致，無条件の積極的関心，共感的理解）」（1章参照）を具現化するための技法であり，より明確に述べるならば「基本的態度そのものの現われ」でなければならない。したがって常にこのことを念頭に置いて，実際の面接を行なってほしい。そのうえで，いつどのような場面でどの技法を使うのがふさわしいかを臨機応変に考えていくことが大切である。

　2章では主な応答技法の紹介を中心に述べたので，これらの技法を適切に駆使できるようにするためにはさらに応答構成について学ぶ必要がある。以下に，参考文献として独習のための教材をあげておくので，各自取り組んでほしい。

- 福山清蔵（監）　1986　入門カウンセリング・ワークブック　日本・精神技術研究所心理臨床センター　金子書房
- 日本・精神技術研究所心理臨床センター（編）　1992　実践カウンセリング・ワークブック　金子書房

引用文献　Ivey, A. E. 1983 *Intentional interviewing and counseling*. Brooks/Cole Pub. 1982 *Basic attending skills*. Microtraining Associates. 1978 *Microcounseling*. Charles C Thomas., 福原真知子・他(訳)　1985　マイクロカウンセリング　川島書店

3章 相談的面接法の実習：傾聴訓練2（ロールプレイ）

　傾聴訓練1で面接者の応答は日常会話とはずいぶん違うことが理解されたと思う。ここでは面接者役（聞き手），被面接者役（話し手）になってロールプレイ（役割演技）を行なってみる。紙上での応答構成はできても，実際の面接でうまくいかないことはままある。面接は聞き手と話し手との間で作られるひとつの人間関係なので，聞き手がめざすべき「カウンセラーの基本的態度」（1章参照）をむずかしくする要因がたくさんあるからである。ここではロールプレイを通してそれらに気づくとともに，どのように注意したらよいかを学ぶ。

　以下の実習は，基本的に話し手，聞き手，オブザーバー（観察者）の3人一組で行ない，いずれの役割も体験すること，互いに感想を話し合い全員で共有すること，体験はレポートにまとめて整理しておくことが望ましい。

1　実習1：言語的，非言語的コミュニケーションを通して他者理解をする

　面接では言語的 verbal メッセージだけでなく，非言語的 nonverbal メッセージがやりとりされる。話し手の容姿，口調，目線の動き，表情，身振り，態度などは重要な情報となるので，それらを感じ取ることが重要である。まず実習1では，ことばで表現された「話」を本気で聞くと同時に，話し手の非言語的メッセージを感じ取れるか挑戦してほしい。

　方法　互いに面識のない人と3人一組になり，話し手（A）と聞き手（B），オブザーバー（C）を決める。

　①Aは3分間の自己紹介をする。Bは話を聞きながらAの話し方や座り方，身振り・手振り，表情などの特徴をつかむ。もし可能なら，Aを見ていてどんな感じ（気持ち）が自分に生じるかに注意する。

　②Aが話し終わったら，Bは「私は～です」とAの名前を名乗り，先ほどの印象をもとに座り方，話し方などAの癖をやや誇張して真似て，あたかもA本

1 実習1：言語的，非言語的コミュニケーションを通して他者理解をする

人が話しているかのように自己紹介を行なう。

③オブザーバーCがBに自由に質問し，BはAになり代わって答える。自分の聞いていないことがらでも，Aならきっとこう答えるだろうと想像して答える。

④それが終わったらAに訂正の機会を与える。

⑤AはBの演技を見てどのように感じたかを話す。最後にオブザーバーCを交え全体について感想を話し合う。

留意点 BはAがどんな人か，いまどんな感じでいるかをつかむ。AはBの〈自己紹介〉を見て，自分がどんな印象を人に与えているかに気づくこと。

解説 以下に，聞き手の陥りやすい問題点を示す。

①つい話をわかろうとする方に気が向き，非言語的メッセージを見落とす。

面接では話を理解するとともに，姿勢や話しぶりなどから話し手の感じをつかみ，話し手の波長に合わせて応答することが必要である。たとえば暗い調子で話す人にてきぱきと応答してはかみ合わないであろうし，萎縮した感じの人に権威的な態度で接してはますます萎縮させてしまうであろう。

また話の個々の内容だけでなく，「この人なら，こういう時には〜の言動をするだろうな」のように，その人の人となりをつかむことが大切である。語られた内容と非言語的に伝わってくるものとのギャップから，その人をより深く理解するてがかりを得ることもよくある。日常会話でも話しながら，時には一歩退いて，いま，話している人の印象をつかむような習慣をつけるようにするとよい。

②見かけで人を判断したり，先入観や偏見をもってしまい，公平に聴けない。

われわれには，見かけから「怖そうな人だ」と緊張したり，「この人とは話が合わなそうだ」と聴く気が失せてしまったり，逆に好印象をもって何でも好意的に理解してしまうことがある。また「〜のアニメが好きだ」と聞いて「この人，オタクだ」と思いこみ，はじめから色眼鏡で話を聞いてしまうこともある。

相手にいろいろな気持ちを抱くのは自然なことであるが，それにとらわれてしまうと相手の話をそのままに聴くことができなくなる。まず自分の心に注意を向け何を感じているかに気づくこと，そしてそれを意識的にとりあえ

ず脇に置いて聴くように努めることが大切である。
③面接では，聞き手は常識的に中立的にふるまうように努める。

　自分の話す姿を他人が演じるのを客観的に見て，ショックを受けた人もいるかもしれない。このことから実際に面接場面に臨んだ時に，自分自身のあり方が話し手に大きな影響を与えることに注意してほしい。たとえば聞き手があまり緊張していると話し手に不安感を与えるだろうし，優秀そうに見える聞き手には自信のない人は気おくれがするだろう。

　その意味で，平素から自分が与える印象に注意して，服装やことばづかい，態度など，できるかぎり常識的に心がける必要がある。

② 実習2：話の聞き方が話し手の心理状態に影響を与えることを体験する

　方法　向かい合って座る。話し手は「とても楽しかった思い出」を話す。聞き手は顔をふせて目を閉じ，体を動かさずうなずきもせず，声を出さずにひたすら一生懸命に聞く。3分ほど話して，相互に感想を話し合う。次に話し手は「とても苦しかった経験」を話す。聞き手はその苦しさを思いやり，相手の顔を時どき見て「うん，うん」とか「なるほど」と一生懸命にうなずいたり相づちをうって聞く。3分ほど話し，相互に感想を話し合う。最後に三人で全体を通して体験したことを話し合おう。

　留意点　「苦しかった経験」は自分にとって解決ずみのことを選ぶこと。

　解説　適切に応答できなくても，傾聴の姿勢が伝わることに大きな意味がある。

　聞き手の無反応が続くと，話し手は無力で不安で警戒的になり，時には腹立たしくなる。焦ると話もまとまらなくなり，「つまらない話で申し訳ない」とか「話そうとした自分が馬鹿だった」など自分を責めることもある。逆にうなずきや相づちだけでも話し手には熱心に聞いていることが伝わり，大きな安心となる。

③ 実習3：相手の話を通して，話し手の生きている心理的世界に目を向ける

次により実際の面接に近い形でロールプレイをしてみる。面接の手順は，

①「○分，時間がありますので，どうぞお話し下さい」，「どんなご相談ですか」，「ではお話し下さい」など，面接者のうながしによって始める。

②必要に応じて傾聴訓練1で学んだ「おうむ返し」，「感情の明確化」「いいかえ」などを使って共感的に理解しようとつとめて聴く。

③終わる時は「では（話の途中ですが）時間になりましたので，終わりにしましょう」と告げる。実習3ではこれらの手順を実際に使って面接してみよう。

方法　聞き手は「趣味や得意なことなど，よく知っていることを何でもいいですから一つお話し下さい」と切り出す。聞き手は話されたことがら，話し手の気持ちを共感的に理解する。10分ほど試行し，

①話し手の話したかったことは何か，②どのような点におもしろさ，楽しさなどを感じているかなど，聞き手の理解したところを話し手に説明する。そして話し手はどのくらい聞き手に理解されているかを判定する。それをもとに，オブザーバーの観察も交えて，聴き方について感想を話し合う。オブザーバーは逐語記録を取りつつ観察する。ビデオやテープレコーダーの利用もよい。

解説　①面接というより，ノリのよい会話になってしまう。

その場の雰囲気を友好的なものにしようとする気持ちから，極端に言えば「エッ，ホントー」，「ウッソー」のようなノリに陥らないようにしなければならない。それほどではなくても話し手が熱心に話すと，よくわからなくてもわかった顔をして聞いてしまったり，一通り話を聞いてわかると，それ以上聞くのは失礼に感じて話が終わってしまいがちである。ラポールは大事であるが，それが面接の第一目的ではないし，話が一応わかれば「理解した」ということにもならない。

日常会話では「〜に行って楽しかった」と聞いてわかった気になるが，面接では，「楽しかった」というのが，たとえば長年心待ちにしてやっと行けた楽しさだったのか，一人になれて落ち着いたという意味なのか，新しい友だちができて楽しかったのか等々，その人にとってどのように楽しかったのかをわかろうとする。傾聴では，話し手にとっての意味合い，話し手固有の

心理的世界をわかろうとすることが大切である。
② わかりたい気持ちが強くなりすぎたり，自分の興味，関心が優先してしまう。

　疑問が湧くと知りたくなり，つい質問して話の腰を折ることがよくある。話し手がそれに応じると，話がそれて不要なことを話し，必要なことを話さないことにもなる。話が錯綜した分，聞き手は話がつかみ辛くなり，話し手の気もそいでしまう。また自分の意見や考えを言いたくなり，言えないとフラストレーションがたまってしまうこともある。自分の興味や関心とずれると話と別のことを質問し，自分の興味に引き寄せようとさえする場合もある。

　このような場合，話し手の主体性を尊重し，自分の気持ちは意識的に脇に置いて，話し手の枠組みで話を聴くように努めてほしい。
③ 要約や質問のタイミングに困ってしまう。

　話し手が次から次へと話す場合，聴いている内についていけなくなることがある。その場合，話の間をつかんで内容や問題を要約すると，聞き手も正しく聴けているか確認でき，話し手も自分の言ったことをふりかえる機会になる。聞き手の興味からの質問はつつしむべきだが，話し手の話を理解するために必要なことは尋ねる。ただし直接に質問しなくても，おうむ返しをしたり問題点や話の要約をして話し手に十分に話してもらうと，自然に質問の答がわかってくることも多い。

④ 実習4：話し手と気持ちを共にする傾聴

　さてロジャース（Rogers, 1958）によると，心理療法がまったく進展しない段階では，たとえば「自分について話したくないという気持ちがある。話はたんに外的なことがらについてだけである」とか，「感情が示されるかもしれないが，しかしそれを感情として，あるいは自分のものとしては認めない」。しかししだいに「個人的意味づけの表現や説明が多くなってくる」，「問題について自分の責任の感じが起こる」ようになり，さらに進むと「感情は現在のものとして自由に表現される」，「……"ほんとうの自分"でいたいという願望が増してくる」，「直面している問題に対する自分の責任を受け容れるようになり，……自分のなかでますますより自由な対話が起こり，内面的コミュニケーショ

4 実習4：話し手と気持ちを共にする傾聴

ンが改善される」。そして最終的には「……自分自身の過程に対する基本的信頼がある」とか，「新しい在り方を効果的に選択するという体験が起こる」ようになるという。

それまで気づかなかった感情が感じられるようになったり，自己理解が拡大され自分の体験が新しい気づきとして統合されるような面接をめざして，さらにロールプレイをやってみよう。実習4では模擬カウンセリングを通して感情に触れるむずかしさを体験してみる。

方法　カウンセラー役は「どんなご相談ですか」とか「どうぞお話し下さい」と切り出す。クライエント（来談者）役は「頼まれると嫌と言えず，先日も試験前なのにノートを貸して後悔している。『試験前だから』と断ればいいのはわかっているが，その時になるとどうしても断れない」学生という設定で，あとはその学生になったつもりで自由に話をする。10分試行し，オブザーバーを交えてよかった点，改善すべき点など話し合う。（オブザーバーの役割は，実習3を参照のこと）

留意点　「どうしても断れない」学生の気持ちを汲み取り，頭でわかっていても簡単には気持ちを変えられない学生を，役者になったつもりで演じること。架空の設定なので演じにくいかもしれないが，面接者の訓練になるよう努めてほしい。

解説　①話し手より，聞き手の方が面接の責任を背負う感じで苦しくなってくる。

　一般に悩み事を聴かされ相談され頼られると「何とかしてあげたい」と思うし，カウンセラー志望の人はもともと「助けてあげたい」気持ちが強いので「答を出してあげなければ」と思いがちである。とくにクライエントに「どうしたらいいでしょうか」とつめ寄られたり，話が行き詰まったりすると，面接者はつい追い立てられて焦った気持ちになる。

　しかし他人のアドバイスで簡単に解決するくらいならそんなに悩む必要はない。カウンセリングはアドバイスを与えて問題を解決してあげる場というのはまったくの誤解で，本質的には，クライエントの自己決定を援助する場であることを忘れないこと。

②熱心に聴こうとしているのに，なぜか聴くのが嫌になってくる。

同じ話の堂々めぐりや沈黙が多いと面接者はイライラし，面倒になって話を変えたくなったり，早く始末をつけたくなってアドバイスや説教をしたりする。またクライエントにつまされて一緒に困って立ち往生してしまうこともある。これは，クライエントが自分で話を進められないことに面接者が反応し，傾聴とは無縁の意図せぬ人間関係が生まれてしまったことから起こる。

相談的面接においてもまさに行き詰まった時こそ，身動きのつかない話し手その人を受けとめ，気持ちを共有することに努める。話し手にとっては，気持ちに寄り添おうとしてくれる人がいるだけで大きな支えになる。共感こそ，話し手に問題解決への意欲を回復させ，感情に気づき，内省する機会を提供する。

③おうむ返しを誤解して使っていないか。

たとえば「ノートを貸した私が悪いんです」と言う人に，「あなたが悪いんですね」とは返さない。「自分が悪いとあなたは思っているんですね」とか，「自分が悪いと思うところがあるんですね」と返す。おうむ返しは単にことばをくり返すことではなく，話し手のものの見方，感じ方，考え方を話し手に伝え返す技法である。

またおうむ返しは，聞き手が話し手と同じ目線で見，感じ，考えようとする行為でもある。とくに気持ちがつかみにくい時には，相手の気持ちや考え方をそのままに感じ取ろうとして，相手に波長を合わせ，語られたことばを心の中で，あるいは実際にことばにしてみる。おうむ返しを「白々しい」，「嘘くさい」などと感じる人がいるが，おうむ返しは共感的理解の手がかりなのである。

5 実習5：話し手と共に探索する傾聴

方法 面接者は「この面接法の学習についてどう思いますか」とか「どうぞお話し下さい」と切り出す。被面接者は自由に思ったことを話す。20分試行し，オブザーバーを交え話し合う（オブザーバーの役割は，実習3を参照のこと）。

解説 ①語られたことがらは話し手の体験世界の氷山の一角と考え，氷山全体をわかるつもりで傾聴する。はじめは明確に見えた話し手の意見や考えも，

さらに説明を求めていくと，いろいろな考えが複雑に絡み合い，話し手自身，混乱が生じたりもする。その時こそ丹念におうむ返しし，いいかえや感情の明確化などを通して，話し手の自己探索を励まし助ける。
② とくに語られたことがらをどう体験しているか，話し手の感情や気持ちが大事である。話の根底に流れている気持ちは，話し手自身にも明確に自覚されていないことが多くつかみ辛いものである。自分の気持ちを感じにくい話し手には，「〜についてどのように感じますか」のように二人で気持ちを探索していく。
③ 沈黙や間では，不用意に発言したり間を取り繕ったりしない。沈黙には，慎重に自分を探っていたり，もう話したくなかったりといろいろな意味がある。ただし無意味な沈黙と感じられたら，それまでの内容や問題を要約したり，聞きそびれていたことを質問したりなどして，話し手をうながすことが必要である。
④ 面接では，話し手をいたずらに傷つけないよう配慮して，みずからを安心して自由に語れる場を作り上げることが大切である。傾聴を通して，面接者は話し手と共に課題を探索するという姿勢をもち，話し手との間に共に探索する関係（作業同盟）を作ることが肝要である。

⑥　実習6：座席の配置によって面接の雰囲気が変わることを体験する

　最後に，実際に面接に臨む前に，面接の外的条件について，「対面の仕方」を例に取ってふれておく。

方法　① 聞き手が一定の場所に座り，話し手が座る位置を移動する。話し手はどのように座ると，一番，居やすいか，二人の距離や向き合う角度を変えてみよう。それぞれについて，話し手，聞き手はどんな気持ちになったか，話し合ってみよう。
② 聞き手，話し手の組み合わせを変える。対面法で適当な距離で座る。今度は話し手が位置を固定し，話し手が居やすいように，聞き手の方が席をずらしたり体の向きを変える。試行後，話し手に居やすくなったかなど気持ちを尋ねよう。

解説 面接場面をマネジメントするのは面接者自身であることを自覚する。

　面接者は「この座り方だと相手は緊張するだろうな」,「目を合わせた印象から,この人はあまり直視しない方がいいな」など,敏感に対応してほしい。

　このように座席一つとっても,話し手や聞き手に微妙な影響がある。他に面接者が考慮するべきこととして,面接場所（部屋の大きさ,周囲の状況など）,時間（昼か夜か,面接回数など）,金銭（有料か無料か,謝金の有無）などがある。たとえば話し手の家族のいる自宅で面接する時などは話題によっては話しにくいかもしれないとか,異性との面接を夜間に設定するのは避けた方がよい,などである。

　話し手が落ち着いて安心して話せるよう,面接状況とそれが面接に及ぼす影響について,面接される側の気持ちになってあらかじめ想像し検討しておくとよい。こちらの設定した状況が何か話し手に影響を与えていると感じた時は,「何か話しにくい感じがありますか」と率直に尋ね,変更できることには早めに対処する。

　以上述べてきたように,外的条件は面接の内容に影響を及ぼすので,研究法として利用するうえでも,面接条件を明確にし,かつ一定に保つ努力は必須であることを付言しておく。

　以上,面接上の留意点について不十分ながら述べてきたが共感的理解や受容,自己一致（1章参照）はじつは非常にむずかしいことである。よりよい面接者となるためにスーパービジョン（臨床的面接を体得するために行なわれる,個人的あるいは集団的な実践指導）を受けることを,ぜひ勧めたい。

引用文献 Rogers, C. R. 1958 A process conception of psychotherapy, *American Psychologist*, **13**, Pp. 142-149. 伊東 博（編訳）1966 ロージャズ全集4 サイコセラピィの過程 第7章 サイコセラピィの過程概念 岩崎学術出版

コラム② 医療においても「聞く技」が求められている

『治せる医師・治せない医師』(Lown, 1996) は，心臓病とこころの問題を長年にわたって掘り下げてきたアメリカの第一線で活躍する心臓病医ラウンによって記されたものである。問診がいかに重要かを臨床医としての長年の経験から訴え，「医師は患者の話をよく聞く技 (the art of listening) を身につけなければならない」と述べている。心臓病の基礎的研究者としても数々の業績をもつ著者は，科学の重要性をはっきりと認めながらも，テクノロジーのみに頼り，患者をひとりの人間として見ずに，機能不全となった生物的部品の断片を扱うかのようになった現代医療のあり方を憂慮する。そして，科学と「患者の話をよく聞く技」とが相ともなってはじめて，患者は効果的に癒されることを多くの実例を挙げながら指摘している。

一般医療の場合，身体的病気の発見と治療に重点がおかれ，問診はどこが悪いかのおおよその見当をつけるための予備調査として軽視されがちである。面接の重要性はあまり意識されず，医師たちは医学教育の中で，面接の技術が医術の不可欠の要素として教えられることが少ないといわれている。こうした医療の現状の中で，著者は，「主訴の根底にあるものに耳を傾けることこそ，たいていの場合，もっとも効果的かつ迅速に，しかも安く医学上の問題の核心に迫る方法だ」と述べている。精神的ストレスは，心臓機能そのものに影響を与える。そのために，心臓病の治療では，こころの問題を無視することができず，より一層よく「聞く」ことが求められる。著者は，患者の話を聞く技として，耳で聞くことはもちろん，目で「聞く」こと，ふれて「聞く」ことをあげている。口にされないことば，ことばとは裏腹の渋面，ひきつった顔，にぎりしめる手，その他，もろもろのようすに注意して「聞く」ことによって，患者の訴えている症状がどうもよくわからない，変だと思う自分に多くのヒントを与えてくれたと語る。また，そうしたサインを見逃すことによって，危うく誤診をしそうになったり，手遅れになったりしたかもしれない危機を率直に語っている。相手のことばを真に理解するためには，こうした非言語的なコミュニケーションが重要であることは，医療においても，カウンセリングにおいても同様である。「聞く」ことはむずかしく，それだからこそ，多くの経験の中でその「技」を磨かなければならないとあらためて考えさせられる。

■引用文献■

Lown, B. 1996 *The Lost Art of Healing*. Houghton Mifflin Co. 小泉直子（訳） 1998 治せる医師・治せない医師 築地書館

（柴橋祐子）

コラム3　カウンセリング場面のうなずきについて

　幼い子どもとつきあうときに，フンフンと相づちをうっていると，子どもは遊びに乗ってきていきいきする。1歳すぎの子どもの話しことばはわかりにくい。実の母親でも子どもの声を録音したものから，その内容を理解することがむずかしいくらいである。でも，わからないことを辛抱してフンフンと相づちをうち続けていると，ちょっと前にわからなかったことの意味も何とか理解できる。こんなことを発見してから，子どもとつきあうときは，なるべくフンフンなるほどと，相づちをうつようになった。子どもにとって困ったことがおこると，エライコッチャとあいの手を入れる。すてきなことだと，「ビックリするわ」とはさんだりする。子どもはどんどんとおしゃべりをしてくれる。そのおしゃべりを聞くのがたのしい。

　この経験が重なって，ある時，カウンセリングの理想的な聴き方はこれにつきると，ごくあたりまえだが大事なことがらに気がついた。しかし，いつもフンフンと聴いていられることは，そんなに多くはない。自分の中の何かがブレーキをかけてしまったり，時にはまったく話をしてくれないクライエントがおり，相づちをうつわけにもいかない。それでも，子どもとのつきあいの一番大事なイメージとしてどこかにおいておき，そこからのずれをモニターしていることが必要だ。うまくいかないことも多いが。

　のちに，ある心理学の本で，ホゥーということが精神療法の中で一番大切なことばだ，そして，ホゥーという声の出し方が何十通りもあるという話を読んで驚いた。

　時には，フンフンと話しているのをはたから見ている子どもが，相づちのうち方のパターンに気づくことがあり，「ニヤッ」とされることがあった。でも，その子と二人でフンフンと話してみると，パターンは見破られなかった。これはどきっとする経験だった。はたから見ているのと，当事者であることは，ずいぶんと違う経験だという大事なことにも気づいたが，相づちのうち方がうわべだけになっていたのを見破られたことが衝撃だった。形は大事だが，形骸化してしまったのだ。形に心を込めていないとだめになってしまう。傷ついた人はとても感受性が鋭くて，こうしたパターンをすぐに見破ってしまう。ごく日常的にやっている相づちを，真剣にしかも軽くうつことをやってみるのは聴き上手になる大事なトレーニングのひとつだ。

（砂田良一）

コラム④ 一歳半児健診での面接

　地域の保健センターで毎月実施される子どもの健康診断（以下，健診）においても心理相談が行なわれている。ここでは，筆者が担当している一歳半児の健診での心理相談について，その概要と工夫点を述べたい。

　一歳半児の健診では，身長体重の測定や歯科・内科検診に加え，保健婦によって，運動，言語，精神面の発達が検査される。そこで，保健婦がさらに見立てや相談が必要であると判断した母子に対して心理相談が勧められる。健診での相談は，クライエント（来談者）となる母子がみずから求めて行なわれるものとは限らない。そのため，もともと心理相談を受けるつもりなどなかった母子をクライエントとしている場合があることを意識していなければならない。そのような母親にも相談を受けてもらうのが健診における相談の特徴であり，むずかしい点でもあるが，突然相談を勧められた驚き，抵抗，不安などをくみ，場合によってはそれについてふれながら面接することを心がけている。こちらの知りたい情報を聴取する場合でも，常に母親の気持ちに沿って聴き，整理して返すことで，健診を主催する側が勧めた面接も，クライエントにとって得るものが大きい面接となる。

　もう一つの工夫点は，面接は時間が短く，しかも一度きりであるので，限られた時間内でできる以上のことはやらないことである。保健センターによって多少の違いはあるが，面接はわずか数十分である。子どもに関してその場でできることは，現状の把握や必要な情報の呈示程度であり，治療的かかわりは必要であっても今後に残される。また母親の話を聴くことは大切であるが，今後も同じ面接者が必要になるような相談になっては困る。時間的な制限を考慮して，育児不安などの訴えに対しては，気持ちを受け止めつつも，全部聴けないかわりに具体的なかかわり方をアドバイスしたり，育児相談などの情報を提供してそちらにバトンタッチする，というサポートの方法が重要となる。面接者がその場でできることを多く見積もってはいけない。しかし同時に，この相談が，母親が日頃の子育てをふりかえり，これからを考える重要な機会となっていることも事実である。

　健診の中に位置づけられた心理相談は，今後の子どもの健全な発達と，母親を含めた子どもをとりまく環境をサポートするものである。たとえ義務としての健診に訪れて相談を受けた母子がクライエントであっても，最終的にはクライエント中心の面接にできることを常にめざしたい。

（奥野　光）

4章 相談的面接法の実習：自我同一性地位面接

本章では，自我同一性地位面接（ego identity status interview）という，本来は調査的面接法であるものを素材として，相談的面接法の実習を行なう。

1 自我同一性地位面接とは

自我同一性地位面接とは，マーシャ（Marcia, 1966）が，自我同一性（エリクソン Erikson, E, H. による）を操作的にとらえる方法として開発したもので，その後30年以上にわたって，アイデンティティ研究の中で大きな流れを成している手法である。質問項目をあらかじめ設定してはいるが，面接の中で，必要に応じて，質問順をかえたり，逸脱してさらに尋ねたりする自由のある半構造的面接法（semi-structured interview）の形を採用している。面接で語られた内容を，2つの基準から評定して，自我同一性地位を評定する。2つの基準とは，危機・探究（意味ある選択肢の間で迷ったり，探索したりすること）があったかどうか（また，その最中か），および，現在自分の選択にコミット（積極的関与・傾倒・個人的なうちこみを）しているかどうかである。2つの基準の組み合わせによって，おもに4つの自我同一性地位が導かれる（表4-1参照）。この面接では，アイデンティティの形成にとって重要だと考えられる領域が選ば

●表4-1 2基準の組み合わせによる自我同一性地位の定義

		コミットメント（積極的関与・傾倒）	
		している	していない
危機・探究	経験した	同一性達成 (identity achievement)	危機後拡散 (post-crisis diffusion)
	現在経験している	―	（積極的にコミットしようとしている）モラトリアム (moratorium)
	経験していない	早期完了 (foreclosure)	危機前拡散 (pre-crisis diffusion)

れ，たずねられる。当初の研究（Marcia, 1966）では，職業，政治，宗教の3つの領域が取り上げられた。その後，研究者によってさまざまな領域が取り上げられてきた。マーシャらのハンドブック（Marcia, et al., 1993）では，職業選択，宗教的信念，政治的イデオロギー，性役割態度，などの領域を中核としつつ，結婚と配偶者の役割，親の役割，家庭とキャリアの優先などの領域が含まれている。

② 相談的面接法の実習の目的

この実習では，面接協力者（被面接者）の自我同一性地位を評定することを目的とはしない。

調査的面接法の1つである自我同一性地位面接では，半構造的面接法やイン・デプス・インタビュー（in-depth interviewing；Taylor & Bogdan, 1998など）の常として，面接者が確かな技能をもって面接を行なうことが，研究の信頼性を高める上で不可欠なため，面接者の訓練が必要である。その面接者の訓練の一端を，ここで，相談的面接法の実習に応用するわけである。したがって，実習での検討の焦点は，あくまでも面接者側にある。

この実習の目的は，以下の点について，面接者の体験を，さらに，面接者と協力者の相互作用的ふりかえり（フィードバック）を活かして，検討することである。

①傾聴と理解
②適切な質問と反応

相手の語りを聴いて，評価的や誘導的にではなく応答・反応すること。相手に対する理解をさらに深めるために適切な探索的質問（probe question）をすること。自分がたずねたいことを，相手の内的流れにそってたずねること。

③語られる内容と，相手との関係のプロセス，および双方の体験過程のすべてに，同時に注意を払うこと

面接者-協力者関係をめぐって，たとえば，協力者が，協力してあげようという気持ちから，無理して話しすぎていないか。自分（面接者）の何らかの質問や発言が臨界点となって，協力者の内的流れが妨げられたり，あるいは，相

④自己モニタリング

「参与しつつの観察」を，自分自身に向ける。なお，この面接では，面接者が心的飽和に達した（評定が可能な程度にまで理解した）時点で，面接を終えることになる。したがって，自分になにが理解できていて，なにが理解できていないかをモニターできている必要がある。

⑤倫理の具体的体験

面接を意味あるものとするためには，基本的な技術と自己理解が必要だが，それらにも増して大切なのは，倫理である。倫理には，いわゆるプライバシー・守秘義務にかかわる面と，インフォームド・コンセントにかかわる面があるだろう。この実習では，倫理を，抽象的な「尊重すべき大切な理念」としてではなく，自分の一つひとつの具体的な行動の中で問われ，選択し，具現化していくものとして，取り扱ってみたい。そして，インフォームド・コンセントにかかわる相互的プロセスの中で倫理が追求されるものであることを学ぶ。これは，この実習のかなめである。

③　実習の手順

<ruby>約束事を相互了解する</ruby>

この実習にあたって，参加者全員（面接者・協力者を含む）で，次を約束事とする。①プライバシーへの十分すぎるほどの配慮・尊重。②自分の感覚に従い，無理をしない。③面接者としての資質の向上を第一目的としてこの実習を行なう（協力者の内面を分析するためではない）。

<ruby>調査的面接法についての概説的予備知識を得る</ruby>

①面接法の基本的性質

- 協力者の意識や経験の全体像に迫ることができる。
- 面接者の個人的特徴の影響が大きい。
- 面接者‐協力者の相互的コミュニケーションを通じて，協力者の体験が適切に言語化されていく。すなわち，語られた内容・意味への面接者の理解・読みとりの程度，面接者からのはたらきかけのあり方などによって，面接の展開が異なる。

②面接者としての自覚的態度
- 人は，自分自身の主観的・現象学的世界に生きている。人には，生き方や行動の基となっているその人の準拠枠がある。このような見方が基本的前提である。
- 真摯な関心。理解することへの責任感。言語（ことばで表現するということ）への信頼と慎重さ。相互信頼の重視。オープンなコミュニケーション。
- 大きな負荷（相対していろいろたずねられ，匿名性のないところでの調査対象となることへのプレッシャー）の中で，協力者が協力してくれているということへの自覚。
- 自分の価値観・問題意識や先入観による影響をできるだけ避けること。
- 各時点での行動選択としての倫理と，生涯にわたる守秘。

③コミュニケーションの抑制因と促進因についての理解
- 抑制因—礼儀（あまりあからさまな話をしないことなど），自我への脅威，忘却，など。
- 促進因—相手の期待を満たそうとする傾向，承認・尊重・同情的理解への欲求，カタルシス，新しい体験の歓迎，意味への欲求，など。

④半構造的面接の基本的技術
- 傾聴—明確な質問と自然な流れの中での応答。
- 探査的・補完的質問（probe question）—非言語的行動への留意（協力者があとで，話しすぎたと感じられることのないように）。
- 記憶と集中と自問（どの質問項目はたずねたか，ちょっとわかりにくかったので今後の流れの中で確かめてみようと思ったことについてはどうか，…）。
- 判断—たずねたかったことに答えてもらえたか，面接完了か（面接者が心的飽和に達したか）。

グループ分けと役割分担

　　3人程度のグループを作る。そして，演習全体の流れをよく理解したうえで，予備面接と本面接について，面接者，面接補助者（面接者につきそい，面接内容録音のためのテープレコーダー操作を行なう），協力者（面接を受ける）の3者の役割を決める（この方式では，協力者は前

もって，質問される内容がわかっていることになるが，後の，面接者へのフィード・バックの作業のために，実習参加者内で協力者を得る方式をとる）。

テーマの設定と面接ガイドの作成（修正）

まず，何についてどのようにたずねるかである。この実習では，テーマは，性役割態度の領域での自我同一性（アイデンティティ）とし，面接ガイドは，マーシャら（1993）の後期青年期大学生用フォームの導入部分と，性役割態度の領域の面接項目（一部改変・追加し，質問の意図についての注を添付）（表4-2）を用いる。この領域を選んだのは，どのような内容のコミットメントも価値的高低なく受け取られやすく，グループで話し合う材料とするのに適していると考えたからである。たとえば，職業領域は，未決定的価値が低いと感じられたり，実現するか不安で人に話しにくかったりする可能性が高い。面接の意図・問題意識・目的と，面接内容を，自分のものとし，発想に習熟するために，面接ガイドをていねいにグループで読み合わせし，表現などを修正したりする。場合によっては，質問項目を追加，削減する。探査的質問（probe question）を，具体的に想定してみる作業をしておく。また，導入部分での教示内容やたずねることも決めておく。

予備面接とその後の話し合い

自分のグループ内で，面接を行なう（テープ録音しながら，各グループ別に小部屋で）。面接直後の感想を各自が提出する（実習指導者が各グループの面接の雰囲気を把握するため）。さらに話し合って，面接ガイドを洗練させ，かつ，習熟する。質問項目の順番を入れ替えた方が，協力者の考え・気持ちの流れに沿っていたかどうかを検討する。また，どこまでふみこんで探索的質問をしてよいものだろうかといったことを，面接の具体的場面に即して話し合う。

本面接の依頼

面接の依頼の実習は，他グループの協力者に次のことを伝えながら了解を得る。
①依頼する内容：どういう目的で何をしてほしいか。
②匿名性の保証：プライバシーに十分配慮すること
③了解を得たいこと：録音。逐語録作成。複数の人で検討すること。結

● 表 4-2　性役割態度　面接ガイド

今の社会での男性の役割と女性の役割について，お考えをうかがいたいと思います。

1. 今の社会の男性の役割と女性の役割に関連して，どのような有利な点と，どのような不利で不都合な点があると，あなたは思われますか。
   (両方の性別について，有利点と不利・不都合な点を，(合計4種類)，たずねること。)
2. 女性と男性がそれぞれどうであるはずのものだと思われるようになるべきだと思いますか。あなたのお考えを聞かせて下さい。〔男らしさや女らしさといわれるものをめぐって，どうお考えか〕
3. 今の社会で，もし男性になるか女性になるか選べるとしたら，あなたはどちらになりたいですか。
   ・それはなぜですか。
   　今の社会であなたが(男性)(女性)としてなさっているいろいろな活動について思いめぐらして下さい。(かっこ内は協力者の性別に合わせる)〔ご家族や，サークル，ゼミ，アルバイト先，友人関係などでのさまざまな対人関係や活動のなかで，あなたが(男性)(女性)であることを意識するのはどのような時ですか〕
   ・その中で，あなたにとって最も満足し報われる気がするのは，どのようなことだと思いますか。
   ・その中で不満のもとと思うものはありますか。
   　(男性)(女性)としての活動をしている最中，どのように感じていらっしゃいますか。何かエピソードを挙げて聞かせて下さい。
   ・どうしてそのように感じるのだと思いますか。
4. どのようにして，今の社会での(男性)(女性)のあり方が分かったり身につけたりするようになりましたか。〔家庭や学校などでのしつけや教育のなかで，(男性)(女性)としてのあり方，ふるまい方を，どのようにしつけられたり，意識させられたりしましたか。エピソードを聞かせてください〕
   ・あなたの(男性)(女性)としてのあり方ふるまい方は，自然にそうなったと思いますか，それともどのようにふるまうべきか分からなくなった時が今までにありましたか。また，この社会での(男性)(女性)としての役割についての，あなた自身の考えや期待や行動に関して，疑問に思ったりおぼつかなくなったり，変わったりしたときがありましたか。
   ① (もしあったなら)
   ・どのようなことを疑問に思ったり，変わったりしましたか。
   ・どのようなことがあってこのような疑問を持ち始めましたか。
   ・あなたの考えに影響を与えた人はいますか。
   　(きっかけがまだわからなかったら)疑問を持ち始めたのは，何歳の頃ですか。
   ・あなたにとって，この問題はどのくらい重要で深刻ですか。
   ・この問題を解決したような気がしますか，それとも考え続けていますか。
   　(もし解決していたら)この問題を解決するのに何が役立ちましたか。
   ・あなたの考えに影響を与えた人はいますか。
   　(もし未解決なら)この問題をどのように解決しようとしているところですか。
   　(もしこれらの問題を考え続けていることが明らかなら)
   ・性役割に関するあなたの考えをはっきりさせるのは，あなたにとってどのくらい重要ですか。
   ・あなたは性役割についての自分の信念，期待，行動をはっきりさせようと，積極的に努力していますか。それとももっと他の事に関心が向いていますか。
   ② (分からなくなったり，変わったりしたことがなかったら，次へ)
5. (もしご両親がいらっしゃるなら)お父様お母様はそれぞれ，どのようにご自分の男性の役割と女性の役割をとっていらっしゃいますか。あるいは，そういうことについて，どうお考えで

すか。
- 性役割についてのあなたの考えや期待や行動は，お父様とお母様にどの位影響されていると思われますか。
- 今の社会での（男性）（女性）としての役割をとるとき，あなたと，（お父様）（お母様）（両方おのおの別々にたずねる）との間で，考え，期待，行動に，とても似ているところや大きく食い違うところはありますか。それに対してどう思いますか。
- 今の社会での（男性）（女性）としての役割についてのあなたご自身の考え，期待，行動を，お父様，お母様はどのように思っていらっしゃいますか。
（もしご両親がご存知ないなら）
もしお父様，お母様が知ったらどう感じられると思いますか。
（もしごきょうだいがいたら）あなたの考え，期待，行動は，ごきょうだいからどのような影響を受けていますか。
- 社会での男性役割や女性役割についての考え，期待，行動について，あなたとごきょうだいとで，大きな違いはありますか。それに対してどう思いますか。
（もし今つき合っている人がいたら）今の社会での男性役割や女性役割についての，おつきあいしている方の考え，期待，行動はどのようなものですか。
- それはあなたとどの位似ていますか，違いますか。それに対してどう思いますか。
- その方は，今の社会での（男性）（女性）としての役割についてのあなたの考え，期待，行動について，どのように思っていらっしゃいますか。
- その方のものの見方考え方から，あなたはどの位影響を受けましたか。
6. 今の社会での男性役割や女性役割についてのあなたの考えは，そのまま続くだろうと思いますか。それとも，将来変わる可能性があると思いますか。
（もし変わりそうなら）
- どのような方向に変わると思いますか。
- どのようなことがこの変化を引き起こすと思われますか。
- そのような変化はどの位起こりそうですか。
7. （男性）（女性）としての役割に関する信念，期待，行動は，あなたの人生でどの位重要だと思いますか。「非常に重要である」ならば7，「まったく重要でない」ならば1として，7から1までの7段階で評定してみて下さい。

* すべてが絡み合っているが，概略として，次のような構成になっている。はじめに導入。1は社会の現状についての考え。2は性役割についての自分の考え（commitmentの内容）。3は自分が自分の性別であることについての感じなど（2や4などに関連する）。4は危機・探究（crisis・exploration）。5は他者との関係の中での性役割観の問題。6は傾倒・積極的関与（commitment）の程度。

果をどういう形にするか（協力者についてまとまった人物像を示すのか，カテゴリー毎に発言を直接話法で引用するのか，など）。なんらかの発表をするのか否か，その形は。

④断わることの保証：答えたくないことは答えなくて，また途中で中断したくなったら言ってよい。

⑤フィードバック：研究（検討）結果をどう伝えるか。逐語録などの処理のしかた。

③ 実習の手順

本面接

　本面接の実施のしかた（テープレコーダーの確認，部屋のセッティングなどの前もっての用意。前項の②④などを，初めに再度伝えること。など）についてのオリエンテーションを受けた後に，他グループからの協力者との間で行なう。小部屋で，録音して実施する。面接直後の感想を各自が提出する。

逐語録作成

　演習で検討するための逐語録作成上の注意と形式は，表4-3の通り。「面接者のその時の心の動き」欄と，「協力者のその時の心の動き」欄は，面接者と協力者が独立に記入したものを切り貼りして，"完成逐語録"を作成する。「心の動き」とは，自分がその時に感じたり考えたりしたこと，意図していたこと，相手に対してどう感じていたか，など。

逐語録の読み込み（個人作業）

　完成逐語録を丁寧に何度も読みこみ，おもに次の観点から印をつける（協力者になった人は，自分が協力者になった面接と，自分の所属グループの面接者が行なった面接の2つの逐語録を読む）。
①協力者の発言の重要な部分。危機・探究とコミットメント（傾倒・積極的関与）を述べている部分。協力者の準拠枠の核心的部分。
②面接者の発言で，その後の面接の流れにとって岐路となったもの。
③面接者と協力者で，「その時の心の動き」欄に，大きなくい違いがみられたり，協力者に不快や戸惑いなどのある部分。

面接者・協力者の相互フィードバック（グループ・ワーク）

　面接者・面接補助者と協力者によるグループ・ワーク。両者の「その時の心の動き」欄や「直後の感想」を参考にしながら，面接者が協力者からフィードバックを受ける（面接補助者も参加する）。実習の目的（面接者の面接技能の向上のための検討）にそって，両者が率直なフィードバックをしながら，対話を検討する。面接者の意図・危惧（これを聞いたら踏み込みすぎないか）などと協力者の体験・受ける印象がずれていることについての素朴な体験ができる。実りある話し合いが期待される。

第1部　相談的面接法の理論と技法

4章　相談的面接法の実習：自我同一性地位面接

●表 4-3　実習で検討するための逐語録フォーム

逐語録の形式

```
                          セッション面接者のグループ No.＿＿－＿＿ページ

                                    ┌─────────────────────┐
                                    │ セッション No.       │
                                    │ 面接者のグループ No. │
                                    └─────────────────────┘
        面接者：

        面接補助者：

        協力者：　　　（実名を書かないで，コードのみ）

        面接日：　　　　年　　　月　　　日

        面接時間：　　　：　　～　　　：　　（　　分）

        面接場所：

        逐記録を作成し，プリントアウト後ファイルを削除しました。


        逐語録作成者署名：
```

協力者のその時の心の動き		逐語録	面接者のその時の心の動き
	面1 協1 面2 協2 面3 ・ ・	ではよろしくお願いします。 はい。よろしく。	

注）＊プライバシーにかかわる固有名詞は，すべてアルファベットにする。（名前，地名，団体名など）
　　＊面接者と対象者の発言に，おのおのの発言順の通し番号をつける。
　　＊発話はすべてその通りにテープおこしをする。（言いよどみ，くり返し，挿入句なども，すべて）
　　＊簡単な相づちは，発言番号をつけず，かっこ書きでよい。（例：〜なんで，（エエ）〜しちゃったんです。（ハアハア）
　　＊短い沈黙は「……」，長い沈黙は「（p.○○秒）」と，記載する。笑いは「（笑）」
　　＊上記は1ページ目の書式。
　　　2ページ以降は，右上の「セッション（面接者のグループ）No.＿＿－＿＿ページ」の「＿＿－＿＿」を各ページの頭につける。
　　＊署名は手書き。
　　＊「その時の心の動き」欄は，本面接の逐語録のみ設けて下さい。（予備面接は逐語録のみで OK）

面接プロセスと面接者の技術についての検討（グループ・ワーク）

　面接者・面接補助者のところへ前グループワークで他グループへ行っていた協力者が戻ってきたところで，自グループの面接者の面接に対するフィードバックを共有したうえで，話し合いをする。
　ここで注意すべきなのは，協力者に関して，勝手な解釈をつつしむこと。ことばとして語られた範囲内で，協力者が伝えようとしたことを理解できたか，協力者の内的流れを妨げなかったかという観点から，両者のプロセスと面接者について焦点を当てて，検討する。

プライバシーに関する再確認（実習を終えるにあたって）

　行動としての守秘の再確認に加え，物（逐語録，録音テープ，ワープロのファイル）の取り扱いや今後の守秘についても再確認する。（逐語録作成者は逐語録プリントアウト後に，ファイルを責任もって削除し，その旨逐語録に署名している。逐語録はすべてレポートにとじこんで提出し，手許に残さない。とくに欲しい人は交渉する。録音テープは実験指導者が回収し，消磁する。）

④　自我同一性地位面接を卒論などで使う場合

　実習したのは面接者の訓練の部分であった。卒論などの研究でこの面接法を使う場合，各自，自我同一性についての基準と同時に，各自我同一性地位の概略についても，評定マニュアル（Marcia, et al., 1993）を通じて熟知してから評定する。なお，せっかく面接に協力していただいたのに，自我同一性地位を評定するだけではもったいない。危機やコミットメントの内容について分析するには，逐語録を元にコーディング（カテゴリー化）する方法もある。評定の信頼性については，数人の評定者の評定の一致度（一致率やカッパ係数）によって，確認しておく必要がある。

引用文献

Marcia, J. E.,　1966　Development and validation of ego-identity status. *Journal of Personality and Social Pyschology*, **3**, 551-558.

Marcia, J. E., Waterman, A. S., Matteson, D. R., Archer, S. L., & Orlofsky, J. L.　1993　*Ego Identity―A Handbook for Psychosocial Research―*. Springer-Verlag.

Taylor, S. J. & Bogdan, R.　1998　*Introduction to Qualitative Research Methods―A Guide Book and Resource―*(Third Edition). John Wiley and Sons.

第1部 相談的面接法の理論と技法

4章 相談的面接法の実習：自我同一性地位面接

参考文献

Coffey, A. & Atkinson, P. 1996 *Making Sense of Qualitative Data—Complementary Research Strategies—*. Sage Publications.

Faden, R. R. & Beauchamp, T. L. 1986 *A History and Theory of Informed Consent*. Oxford University Press. 酒井忠昭・秦洋一訳 1994 「インフォームド・コンセント」みすず書房

Gorden, R. L. 1987 *Interviewing—Strategy, Techniques, and Tactics—*(Fourth Edition). The Dorsey Press.

Kvale, S. 1996 *Interviews—An Introduction to Qualitative Research Interviewing—*. Sage Publications.

Mishler, E. G. 1986 *Research Interviewing—Context and Narrative—*. Harvard University Press.

O'Neill, P. 1998 *Negotiating Consent in Psychotherapy*. New York University Press.

Rubin, H. J. and Rubin, I. S. 1995 *Qualitative Interviewing—The Art of Hearing Data—*. Sage Publications.

鑢幹八郎・山本力・宮下一博（編） 1984 アイデンティティ研究の展望Ⅰ ナカニシヤ出版

鑢幹八郎・宮下一博・岡本祐子（編） 1995 アイデンティティ研究の展望Ⅱ ナカニシヤ出版

鑢幹八郎・宮下一博・岡本祐子（編） 1995 アイデンティティ研究の展望Ⅲ ナカニシヤ出版

鑢幹八郎・宮下一博・岡本祐子（編） 1997 アイデンティティ研究の展望Ⅳ ナカニシヤ出版

鑢幹八郎・宮下一博・岡本祐子（編） 1998 アイデンティティ研究の展望Ⅴ-1 ナカニシヤ出版

鑢幹八郎・宮下一博・岡本祐子（編） 1999 アイデンティティ研究の展望Ⅴ-2 ナカニシヤ出版

コラム⑤ 半構造化面接について

　半構造化面接（semi-structured interview）とは，一定の質問にしたがい面接をすすめながら，被面接者の状況や回答に応じて面接者が何らかの反応を示したり，質問の表現，順序，内容などを臨機応変に変えることのできる面接法である。構造と若干の自由度をあわせもつことで，ある方向性を保ちつつ，被面接者の語りに沿って情報を得ることが可能になる。面接の手続きや面接者のなすべき仕事内容については他に譲るとして，ここでは実際の面接過程で被面接者の側に生じていると思われるいくつかの現象について，筆者らの実施しているアダルト・アタッチメント・インタビュー（Adult Attachment Interview ; George et al., 1996）（以下ＡＡＩ）を例に考えてみたい。

　ＡＡＩは成人の愛着表象を評価する面接法であり，具体的には幼い頃の家族関係やそれらが現在の自分にどのような影響を与えていると思うか，などをたずねていく。通常こうした調査的面接は，参加に同意した人を対象に行なうとはいえ，被面接者は〈何を聞かれるのだろう〉といった未知の場面への思いが色々にめぐる状態にあることが推測される。そうした状況のもと，それぞれの体験を個性的に語ることになるが，その内容は質問の性質上，普段初対面の者（面接者）に向かって話すことなどのあり得ない「私事」である。かたや筆者が日頃携わっている心理療法の面接の場合，クライアントが自己開示していく過程には，むしろ一筋縄ではいかないさまざまな葛藤がともなうことを思うと，こうした調査において，個人的体験，それも時に重い体験がすみやかに語られることは逆に不思議ですらある。これは調査という通常一回限りの設定が，被面接者にある種の安全性を提供しているとも考えられる。あるいは調査とはいえ，被面接者の側も「語る」ことによって何かを得ているのではないかとさえ感じられたりもする。

　もちろんすべての人が多くを語るわけではない。そこには語ることへの何らかの「抵抗」がはたらく場合もたしかにあり，その際の配慮は当然必要となる。しかし考えてみれば，いきなり遠い過去の話や普段あまり考えてもみないような質問を受け，急には思い出せない，とっさに答えが浮かばないといったこともあるのではないか。さらには語ることへの慣れも大きく関係しているように思う。

　得られたデータを豊かなものにしていくには，面接内容そのもののほかに，これらの要因を考慮していくことが必要となる。

（瀬地山葉矢）

■参考文献■

George, C., Kaplan, N. & Main, M. 1996 *Adult Attachment Interview* : third edition Unpublished manuscript. Department of Psychology, University of California, Berkeley.

5章 相談的面接法の実習：回顧法によるいじめ体験の半構造化面接

1 演習のテーマ：いじめ問題

心理を理解する手法：回顧法

　今回の演習では，学校におけるいじめ問題を取り上げる。いじめ問題に接近する研究法としては，実際に学校に入って生徒や教師の行動を観察する"フィールドワーク"，生徒や教師の行動や心理に関する"質問紙調査"などの手法があるが，最も生きた形でその心理にせまる方法として，面接法があげられる。

　なかでも直接的な方法は当事者とのカウンセリングである。たとえばいじめられている生徒とのカウンセリングを通して，カウンセラーは子どもの気持ちを理解し，援助していく。しかし往々にして子どもたちはいじめられても，大人のもとを訪れない。いじめる側の生徒，いじめを目撃している生徒に関しては，なおさら大人の前には現われない。また大人のもとにやってきたとしても，「自分の気持ちを語る」ことは困難なことである。

　そこでそうしたいじめ問題に関する心理を理解する第二の方法として，今回の演習で取り上げる回顧法が考えられる。これは過去におけるいじめ問題を回顧して語ってもらうという方法である。今まさにいじめられている，その気持ちを語ることは困難でも，後から振り返って当時の自分の気持ちについて客観的に語ることが可能になる。また「いじめる」「いじめを目撃している」といった行為に関しても，その時点ではあらわにできないことが，過去のことになればより語りやすくなる。このような点が，回顧法のメリットとして考えられる。しかし同時に，過去のことを語る場合，その体験過程が自分にとって受け入れやすいように無意識的に再構成されてしまい，当時の体験とはことなるものになってしまうこと，また歳月の経過とともに忘れられてしまうことなどがディメリットと考えられることを忘れてはならない。

1 演習のテーマ：いじめ問題

半構造化面接

　回顧法により，いじめをめぐる体験を語ってもらうわけであるが，この面接により，面接者側が何を知りたい，あるいは何を理解したいと考えるか，たとえばいじめの具体的な内容，その時の気持ちなどの諸項目を設定（表5-1参照）しておく必要がある。被面接者に自由に語ってもらうという形ではあるものの，同時にこちらの設定した諸項目について聴き取るという緩やかな枠組みをもった面接を半構造化面接とよぶ。今回の演習ではこの半構造化面接を行なう。

面接態度

　いじめにまつわる過去の体験を聴くという作業を行なう際の面接者の態度として，前章で説明されているように，温かな姿勢をもって面接に臨むことが求められる。

　さらにこのような面接者の態度によって，被面接者が安心して語れる関係ができ上がると，今なお心に残されている傷つきを語ったり，未整理のまま忘れ去られていた感情を呼び覚ますことにもなるということを知っておかなければならない。1回の面接の中で，これらの感情や問題が納めきれないような事態になった時に，その後のフォローアップをどのようにするか，あらかじめ演習担当教官と決めておく必要があるだろう。

いじめの定義

　"いじめ"は時代と共にその質を変化させ，現代では"ふざけ"や"からかい"といった様相を呈したり，「相手が悪いから皆でそれを教えている」というように，"いじめ"が正当化されていたりして，"いじめ"と，そうでない日常のかかわりとの境界が見えづらくなっている。

　筆者は今回の演習における"いじめ"の定義を，

1．同一集団内で（見知らぬ他者に対する暴力は含めない）
2．力関係の優位に立つ生徒が，自分より弱い生徒に対して一方的に，（力関係の互角の生徒どうしの間ではそれは"いじめ"ではなく"けんか"と認識される）
3．精神的・身体的苦痛を与える（ことばによる暴力のみでも"いじめ"とされる）こと

とする。また，いじめる側にいじめているという意識がなく，またいじめら

5章　相談的面接法の実習：回顧法によるいじめ体験の半構造化面接

●表5-1　諸項目

いじめた体験について	①時期 ②きっかけ（「喧嘩をしたのがきっかけ」などの具体例） ③被害者について（どのような人だったか） ④いじめの内容（どのようなことをしたか。いじめのターゲットを次々とかえていくというようなことがあったかなど。） ⑤当時の認識（「いじめている」と当時認識していたか。いじめている理由を当時どのように認識していたか） ⑥その時の気持ち（「おもしろかった」「むしゃくしゃしていた」など。当初の気持ちと，いじめの経過にともなう気持ちの変化） ⑦クラスで自分また被害者はどのような位置にいて，力関係はどのようなものがはたらいていたか。 ⑧クラスを越えて，いじめは行なわれていたか。 ⑨担任教師あるいは養護教諭，部活顧問教師などの教師や親はそのいじめに気づいていたか，どう対応したか。 ⑩いじめをやめたか。やめたとすれば，どのようにしていじめをしなくなったか。 ⑪いじめた体験が，その後どのように自分に影響したか。
いじめられた体験について	①いじめられた時期 ②きっかけとなったこと（喧嘩したなどの具体例） ③加害者について（どういう生徒だったか） ④いじめられた内容，タイプ（どのようにいじめられたか，いじめのターゲットとなる人が次々と変わっていくようなことがあったかなど） ⑤当時の認識（「いじめられている」と認識していたか。「なぜいじめられるか」その理由を認識していたか） ⑥その時の気持ち（「やり返してやろう」「自分が悪いからだ」など） ⑦いじめに対する対処と，気持ちの変化（どう対処したか，それによってどのような気持ちになっていったか） ⑧援助を求めたか（だれに求めたか。その理由。あるいは求めなかった理由） ⑨援助を求めた結果 ⑩クラスで自分および加害者はどのような位置にいたか。どのような力関係がはたらいていたか。 ⑪クラスを越えて，いじめがあったか，あるいは友達がいたか。 ⑫担任，部活顧問，親などはいじめに気づいたか，どのように対処したか ⑬いじめは解消したか。したとすればその理由はなにか。 ⑭いじめられた体験が，その後の自分に及ぼした影響。どのように整理し，回復したか，あるいは回復しなかったか。
いじめを目撃した体験	①時期 ②内容（どういういじめであったか，それを実際に見たか，噂で聞いたか） ③立場（いじめは自分の近いところで起きていたか，否か） ④その時の対処と気持ち ⑤どのようなクラスだったか。どのような力関係がはたらいていたか。 ⑥行動を起こしたか，どのような時に起こしたか，その結果。（止める，通報する，加わる，加わることを拒否する）
補足事項	（面接後必要があれば質問する） ①学級史（担任やクラス替えがあったかなど） ②家族構成

れる側にいじめられているという認識がなくとも，第三者から見て，精神的苦痛が与えられていると判断される場合には"いじめ"とする。

② 演習の実際

　本演習では基本的にこのような"いじめ"の定義を共通認識とするが，実際に面接場面で，このような"いじめ"の定義を被面接者に伝え，その定義にあてはまる行為を回顧してもらうという方法はとらない。"いじめ"の定義を限定せずに，被面接者がその面接時点で"いじめ"と認識する行為について回顧してもらう。当時"いじめ"として認識されなかったものも，面接時点で"いじめ"と認識されれば，それを語ってもらうこととする。「"ふざけ"も"いじめ"に入るか」「教師に対する"いじめ"も"いじめ"に入れるのか」などの質問を受けた際には，「それも含めてできる限り広い範囲で思い出してみてください」と応答する。

　これは従来の研究者が作り上げた"いじめ"の枠組みに囚われることなく，それぞれの人が何を"いじめ"と感じるかも含めて理解することが大切であると考えるからである。その際"いじめられている"立場と，"いじめている"立場，それを"目撃している"立場では，おのずと何を"いじめ"と感じるかが異なってくる。本演習ではこの3つの立場を取り上げて，いじめ問題を考えることとする。

② 演習の実際

　今回の演習の概要をまとめるならば，第一に文献の講読を通して，いじめ問題に関する全般的な理解を深める，第二に小グループを構成して，予備的面接を行ない，半構造化の項目を整備する。第三にグループ内でお互いに半構造化面接を行ない，その逐語録を作成し，検討・精緻化する。第四に本面接を行なう，最後に面接から得られた結果をレポートにまとめるというものである。以下にそれぞれの作業について説明する。

いじめ問題の文献講読

　現代のいじめ問題に関する文献を読むことで，この問題に関する理解を深め，自分なりの考えを作り上げる基盤を固める。以下に4冊の本をあげる。

　　　私のいじめられ日記　土屋　怜・土屋　守　1993　青弓社
　　当時中学1年生の土屋怜さんがごく身近な生徒からの陰湿ないじめを

受け，さらにはクラス担任までもが彼女を裏切り追いつめ，学校長は保身・秘密主義に走るという事態が，土屋さん本人の日記を中心にまとめられている，実際の話である。身近な問題として"いじめ"や"学校"について切実に考えさせられる1冊である。

> 新訂版　いじめ　教室の病い　森田洋司・清永賢治二　1994　金子書房

「いじめっ子―いじめられっ子」の関係にのみ焦点をあてるのではなく，まわりでおもしろがって見ている子（観衆），見て見ぬふりをする子（傍観者）を加えた4層構造の中で発生している問題としていじめ問題をとらえ，その原因から病理，克服のための手立てまでを考察している。

> 「いじめ」はこころに何を残すか
> 出典：安達倭子・岡村達也（他）　1995　「いじめ，いま，親にできること」第3章　いま，いじめの現場はどうなっているのか　木馬書館　192-210頁より

この本は親向けに書かれた本であるが，第3章の中に，「『いじめ』はこころに何を残すかと題して，大学生の体験レポートが紹介されている。

> いじめを読む　100冊の本
> 出典：岡村達也（他）　河合隼雄（編）　こころの科学70　いじめ　日本評論社　88-93頁より

この中に1996年上半期までのいじめに関する著作がまとめられている。

予備的面接

以下の作業は数名のグループ単位で行なう。まず受講者はグループ外の2～3人の人にこれまでの「いじめた体験」「いじめられた体験」「いじめを目撃した体験」について，できるかぎり詳しく自由に語ってもらう。その際，まず始めにこの面接の目的を伝え，語られたことについて，プライバシーを守るということ，具体的には個人名，学校名などだれが語ったか分かるような情報については伏せることを約束したうえで，録音の許可を得る。これは本面接も同様である。そして上記3つのいじめに関する体験について「どこからでも自由にできる限り詳しく語ってください」と依頼し，その後被面接者に自由に語ってもらう。面接者はその自由な語りを著しく妨げない範囲で，より理解を深めるために質問をしながら聴く。面接後，テープを起こし，逐語録をつくる。

予備面接の内容をグループで持ち寄り，検討し，本面接で，どのような項目

に関して聴き取りたいか，その諸項目をあげ，半構造化面接の骨組みを組み立てる。表5-1はその例であるが，これは広範囲に渡って諸項目を網羅したものであるので，各グループでいじめ問題のどの側面に最も問題意識を感じているかよく検討し，焦点を絞って半構造化を行なってもらいたい。

また面接を開始する前に対象者に記入してもらうフェースシートを作成する。表5-2はそのフェースシートの例である。

半構造化面接の試行

グループの中で，半構造化面接をお互いに面接者・被面接者となって，試行する。「これから小学校・中学校・高校時代の，いじめられた体験，いじめた体験，いじめを目撃した体験について教えてほしいと思っています。どこからでも自由に，できるかぎり詳しく語ってください」という面接者の教示で面接を開始する。被面接者はその教示を受けて，自由に思い出すままに語る。面接者はその流れを大切にしながら，適宜質問したり，面接者の理解を伝え返し確認をとったりする。そしてあらかじめ設定

●表5-2　フェースシート

年齢　　　　性別				
学校史（公・私立の区別，所在県，転校・受験の有無など）				
〈記入例〉				
	学　校　史	いじめられ	いじめ	目撃
小学1年	○○県公立小学校入学			
2年		○		
3年				
4年				
5年			○	
6年				
中学1年	○○県公立中学校進学			○
2年				
3年				
高校1年	○○県私立高校受験			
2年				
3年				

※「いじめ」「いじめられ」「目撃」の欄は面接しながら，面接者が記入する。

した諸項目について網羅していない項目があれば，それについて質問し，語ってもらう。面接内容はテープに録音し，逐語録を起こしておく。

さてこの逐語録をもとに，面接者が諸項目を網羅して聴き取ることを焦って，被面接者が語りにくくなっていないか，面接者は不適切な応答をしていないか，被面接者は安心して語ることができたかなど，お互いにフィードバックしあいながら，検討を加える。また，必要があれば半構造化の諸項目に追加・修正を加える。

本調査面接　回顧法による場合，年月とともにことがらが忘却されるので，被面接者の年齢を20代とする。被面接者の数は，それによってどれだけ普遍的な現象が抽出できるかを左右するものであるので，少なすぎてはいけないが，演習の時間の許すかぎりで，人数を設定する。

それらの被面接者に本面接を施行する。面接の目的やプライバシーの保護に関する説明をしたうえで，録音の了承をとり，フェースシートに記入してもらう。さらに面接時間が約1時間であることをあらかじめ伝えておく。そして面接に入る。面接終了後は個人的な体験について語ってくれたことに対する感謝を伝えることを忘れてはならない。

本面接も録音テープから逐語録を作成しておく。

分析とレポートの作成　集められた逐語録をもとに，まず一人ひとりの被面接者の体験について整理しながら理解を深め，次にグループで設定した諸項目に関して，応答を整理する。それらについて，グループ討議し，各受講者はそれらをレポートにまとめる。たとえば

a．いじめられた時，いじめた時，いじめを目撃した時にどうそれに対処したか，その行動パターンや心理的メカニズムについて分析する。

b．いじめがどのような集団構造の中で起き，どのような場合にはエスカレートし，どのような場合にはそれが抑止されるか，集団メカニズムについて分析する。

c．小学校から高校までのいじめのあり方の変化を発達的観点から分析するなどが考えられるであろう。

コラム⑥ 挿入された時間と場：30秒の沈黙をめぐって

　筆者は自助組織である「断酒会」の例会において参与観察を行なったことがある（松島，1996）が，例会の前後に会員と１対１で話を聞く機会が何度かあった。メンバーのＡ氏に大酒を飲んでいた頃の四方山話を聞いていた時のことである。Ａ氏は，とつぜん押し黙り，筆者の問いかけにも反応を示さなくなった。彼のこうした沈黙は後にも度々起こるようになり，筆者は当惑すると同時にみずからの聞き手としての技量に自信を失いかけたりもした。しかし，ある時点から沈黙をＡ氏の語り口ととらえ，努めて筆者の側からそれを破らないようにした。制止されないＡ氏の沈黙は，ときに30秒にもわたって続くことすらあった。30秒という時間を，さして親しくない二人が黙ったまま過ごすということは，通常の対話としてはかなりの異常事態である。しかし，のちに彼が語ってくれたところによると，そのとき「過去の自分との対話をしていたのだ」という。そして，その時間を筆者が「邪魔」しなかったことについて感謝のことばを述べたのである。

　彼はまた，「あの沈黙の時間がなければ，私は，あなたの聞いてくることに対して，通り一遍のことや，『聞いたふう』なことしか答えられなれなかったと思うんです。あの時間は，昔の荒れ狂っていた自分に触れようとするための大事な時間だったんです」とも語ってくれた。

　彼も含め，酒を飲んでいた当時に酷いふるまいをしていた断酒者ほど，酒を断った後は善良でおとなしい。彼らが，「現在の自分」と「過去の自分」のこうした不連続性を解消し，かけ離れた両者を一人の連続した自己として認めるには，現在という一元的な時間から脱する必要があったのだろう。そこには，「現在の自分」と「過去の自分」が彼らなりの方法で交じり合う，現在でも過去でもない独特の時間があるのかもしれない。いずれにせよ沈黙の時間は，単なる沈黙ではなかった。そこでの筆者と彼との対話は，二者間での対話であると同時に，筆者・現在の彼・過去の彼，という「三者間」での対話でもあったといえよう。

　聞き手は，現在という時間において語り手と構成する「いま・ここ」の密度や連続性に拘泥するばかりでなく，時には語り手が「いま・ここ」から脱していこうとするのをあえて見守る余裕ももつべきかもしれない。

■引用文献■

松島恵介　1996　しない私とした私―断酒的自己を巡るふたつ（あるいはひとつ）の時間について　佐々木正人（編）　想起のフィールド　新曜社

（松島恵介）

6章 相談的面接法の実習：進路指導

1 演習課題「質問紙調査を併用した進路面接」

　自分の進路を自分で決める。これは当然のことではあるが，非常にむずかしいことだということも実感できるのではないだろうか。だからこそ，進路指導が重要な意味をもってくる。この進路指導における大きなポイントは，(1)自己理解，(2)職業理解，(3)自己理解，職業理解をふまえた賢明な意思決定，の3つである。本章では，学生の職業選択についての援助を目的とした相談的面接を体験してみよう。

　進路指導においては，先に記した3つの観点から見てバランスのとれた面接が望まれる。しかしそれらをすべて含むと，演習課題としては大きくなりすぎるので，ここでは自己効力感という概念を使った質問紙調査を行ない，その結果をふまえて面接目標を絞り込もう。自己効力感とは，バンデューラ（Bandura, 1977）によれば，ある結果を導くために必要な行動をうまく実行できることについての個人的な信念のことである。そして，自己効力感が高いほど積極的な行動をとると考えられている。そのため，積極的な職業選択活動に導く進路指導を意図するならば，職業選択行動についての自己効力感を高めるという発想が浮かび上がってくる。今回は，表6-1に示した職業選択活動に影響を与える自己効力感を測定する尺度を指標に用いよう。

　では，今回の演習の概要をまとめておく。まず面接回数は，間隔をあけて，少なくとも2回以上を予定しておく。1回目の面接内容を分析してから，2回目以降の方針を立て，面接に必要な材料を準備することになるので，間隔が短かすぎると準備不足になってしまう可能性が高い。逆に長すぎても間が悪いので，1週間程度を目処にしておくのがよいだろう。

　第1回目の面接の目的は，調査尺度への回答を求め，その結果をもとに被面接者が自分の自己効力感についての理解を深めることを援助しつつ，面接者が被面接者の自己効力感について理解することである。なお今回は，尺度合計得

① 演習課題「質問紙調査を併用した進路面接」

●表 6-1　進路選択に対する自己効力尺度項目（浦上（1995）より一部抜粋）

オリジナルでは，「非常に自信がある」「少しは自信がある」「あまり自信がない」「全く自信がない」の4件法で回答を求めていますが，段階数を増すなどの工夫を加えてもよいでしょう。

1. 自分の能力を正確に評価すること。
2. 自分が従事したい職業（職種）の仕事内容を知ること。
3. 5年先の目標を設定し，それにしたがって計画を立てること。
4. もし望んでいた職業に就けなかった場合，それにうまく対処すること。
5. 自分の望むライフスタイルにあった職業を探すこと。
6. 将来の仕事において役に立つと思われる免許・資格取得の計画を立てること。
7. 自分の理想の仕事を思い浮かべること。
8. ある職業についている人々の年間所得について知ること。
9. 就職したい産業分野が，先行き不安定であるとわかった場合，それに対処すること。
10. 将来のために，在学中にやっておくべきことの計画を立てること。
11. 自分の才能を，最も生かせると思う職業的分野を決めること。
12. 現在考えているいくつかの職業のなかから，一つの職業に絞り込むこと。
13. 自分の将来の目標と，アルバイトなどでの経験を関連させて考えること。
14. いくつかの職業に，興味を持っていること。
15. 自分の将来設計にあった職業を探すこと。
16. 学校の就職係や職業安定所を探し，利用すること。
17. 将来どのような生活をしたいか，はっきりとさせること。
18. 自分の職業選択に必要な情報を得るために，新聞・テレビなどのマスメディアを利用すること。
19. 自分の興味・能力に合うと思われる職業を選ぶこと。
20. 望んでいた職業が，自分の考えていたものと異なっていた場合，もう一度検討し直すこと。

点ではなく，それぞれの項目への反応，とくに相対的に低い評価が与えられた項目に着目しておこう。ポイントは，(1)被面接者が，どのような進路選択行動にとくに自信がもてないでいるのか，(2)そのように判断した手がかりは何なのか，である。(1)については，調査尺度への回答からも判断できるが，聞きだすことがむずかしいのは(2)についてだろう。(2)について明確な理由が語られた場合（たとえば，適性検査を受けたことがないから）はよいとして，「なんとなく」というような理由が語られた場合はどうしよう。このような場合には，さらに質問を追加して判断理由を追及する必要がある。しかし，それでもそれ以上の自己分析が進まない場合も多い。このような場合には，その項目内容のようなことがらについてこれまでに考えたことがあるかどうかを聞いておこう。

1回目の面接を終えたら，その面接で得た情報をふまえながら，自己効力感を高める，すなわち被面接者が「なんとか自分にもできそうだ」という感覚をもてるように援助するための方針，方法を考える。なお，援助対象とする内容

については，時間的な制約もあるので1，2項目内容程度に絞っておくべきだろう。

　先にも例としたが，ある項目への自己効力感の評価が低く，その理由が明らかに認識されている場合は，対応策を考えることは比較的たやすい。適性検査を受けたことがないから，自分に合った職業が決められないと感じているのであれば，適性検査をやってみるという方針，方法が考えられる。むずかしいのは，被面接者自身が自己分析できていない場合である。ある項目への反応理由を尋ねたとき，「なんとなく」と回答する場合は，筆者の経験上，「そのようなことは考えたことがない」から「なんとなく」だとする場合がかなり存在するように感じている。もしこのように被面接者について分析したのならば，後の面接の方針は，そのようなことを考えることの促進，方法としてはそのきっかけとなるような情報，検査を提供する，といったことなどが考えられるだろう。

　2回目以降の方針・方法については，被面接者の状況によって，さまざまなバリエーションが生まれる。次節などを参考に，有効な援助ができるように方法を練っておこう。ここが進路に関する面接を，方法論的な研究対象とする場合の中心になるので，積極的にオリジナリティを発揮してほしい。

　そして2回目以降の面接は，各自がたてた方針・方法に従ったものとなる。しかし，みずからが立てた方針・方法に固執しすぎるのもまた問題となる。目標を見失わないようにしながら，臨機応変に対応できればよいのであるが，これにはある程度の経験が必要だろう。最初は，臨機応変よりも目標を見失わないことを心がけてほしい。

　なお，さまざまな情報を活用しようとするとき，しばしば問題になるのが場所についてだろう。たとえば，インターネット上の情報を使いたいのだが，面接室には端末が無いといった場合が出てくる。このような場合は，方法をあきらめるよりも，面接室で行なうことをあきらめた方が建設的な時もある（ただし，内容による）。また，面接についての評価を得ておくことも必須である。最初に実施した尺度を再度実施してみて，その変化から評価するという手段も考えられる。他には，被面接者に面接の感想を語ってもらい，それを手がかりに自己評価をするということでもよいだろう。

　面接記録については，後でレポート，論文にまとめることを考えながら行な

1 演習課題「質問紙調査を併用した進路面接」

うこと。レポートには，基本的に次のような諸点が含まれていることが必要である。

- ・1回目の面接場面の客観的・具体的記述
- ・被面接者の状況分析
- ・被面接者の状況分析をふまえた2回目以降の面接の方針・方法
- ・面接の方針・方法を受けて準備したもの
- ・2回目以降の面接場面の客観的・具体的記述
- ・面接の効果

少なくとも以上の内容が入ったレポートをまとめてほしい。そのために，筆記やテープレコーダーによる記録はもちろん，回答ずみ調査用紙や提供した情報のコピーなどを必ず残しておこう。

演習の流れ

今回の演習について，事例的に示す。

質問紙を併用した第1回目の面接を行なう　項目5（自分の望むライフスタイルにあった職業を探すこと）に対する自己効力感がとくに低かった。さらに，なぜそのように回答したかを聞いてみると，「こういうふうに生きていきたいというライフスタイルがわからない」と回答した…。

面接後，結果をふまえて被面接者の状況について分析する　ライフスタイルは外部から教えられるようなものではないので，わからないという回答をした背景には，考えていないという事実があるのではないか。職業はライフスタイルの一部を構成するものであるため，それがはっきりとしないと職業を決定することはむずかしい。他の項目に対する回答はそれほど低くないことを考え合わせると，ライフスタイルと職業を関連しないものとしてとらえているのかもしれない…。

分析から，第2回目以降の面接の方針を策定する　まず「職業は，ライフスタイルの一部を構成する」ということ，「ライフスタイルがはっきりしていないと，職業を決定することはむずかしい」ということを理解しているかどうか聞いてみよう。理解していなければ，選んだ職業とライフスタイルが合っていなくて離職した人の話が雑誌に出ていたから，それを見せて感想を聞いてみよう…。

第2回目以降の面接を行なう…

② 面接に先立って

　進路に関する面接は，かなり多くの知識を必要とする。ここでいう知識というのは面接技法についてというよりも，面接の中で必要となる材料についての知識という意味合いが強い。このような情報を多くもっていれば，面接の中で臨機応変に対応することも可能になる。以下では，面接に先立って押さえておいてほしいいくつかの知識について，その概要と基本的な参考資料を紹介するので，面接の方針・方法を考えるうえでの参考にしてほしい。

調査尺度についての知識

　今回のような，調査尺度を併用するような面接では，利用する尺度について十分に理解しておくことが必要である。その尺度が作成された理論的背景はもちろん，その尺度と他の指標との関連性などについても知識をもっていれば，被面接者の理解に役立つだけでなく，相談もより有効なものになるだろう。自己効力感という概念を用いる場合に参考になる文献を挙げておくので，目を通しておいてほしい。

●廣瀬英子　1998　進路に関する自己効力研究の発展と課題　教育心理学研究　46，343-355.

自己理解についての援助が中心になる場合

　進路指導における自己理解の意義は，進路を選択する際に利用できる自己についての情報の質と量を高めることにある。これは，意思決定の際に利用された情報が，進学先もしくは職業とのミスマッチの原因となったり，さらにそれが学校生活や職業生活における満足感に影響するからである。

　自己理解を深めるには，VPI 職業興味検査（図6-1）などの市販の検査をはじめ，就職用のガイドブックや情報誌などが役立つだろう。なお VPI は，160の職業について，興味や関心をもっているか否か，を回答することによって，6つの職業興味領域に対する個人の興味・関心の程度や，自己統制傾向など5つの心理的傾向の程度を把握することができるものである。

●日本労働研究機構　1987　VPI 職業興味検査　日本文化科学社
●日本労働研究機構　1987　VPI 職業興味検査手引（改訂版）　日本文化科学社

② 面接に先立って

VPI職業興味検査
原著者 J.L.HOLLAND　日本版著者 日本労働研究機構

1.	ジャーナリスト	Y	N	41.	大　工	Y	N
2.	私立探偵	Y	・N	42.	臨床検査技師	Y	N
3.	レストラン従業員	Y	N	43.	言語治療士	Y	N
4.	シナリオライター	Y	N	44.	公認会計士	Y	N
5.	小売店員	Y	N	45.	知　事	Y	N
6.	出札係	Y	N	46.	文筆家	Y	N
7.	写真家	Y	N	47.	消防士	Y	N
8.	ユーモア作家	Y	N	48.	経営コンサルタント	Y	N
9.	インテリア・デザイナー	Y	N	49.	美容師	Y	N
10.	外交官	Y	N	50.	小説家	Y	N

●図6-1　VPI職業興味検査（一部抜粋）

(234) 学芸員

■労働省編職業分類
- （大分類）A　専門的・技術的職業
- （中分類）15　その他の専門的・技術的職業
- （小分類）159　他に分類されない専門的・技術的職業

どんな職業か

学芸員は、博物館において、歴史、芸術、民俗、産業、自然科学などについての資料を収集、保管、展示する専門職員で、キュレーターともいいます。博物館には館長、学芸員の他、学芸員補その他の職員を置き、博物館法で定められた登録博物館には学芸員を置かなければならないことになっています。

博物館は、設置者別に見ると国立、公立、私立に分類されます。また展示内容により総合博物館、郷土博物館、美術博物館、歴史博物館、自然史博物館、理工博物館、動物園、水族館、植物園などに分けられます。

この職業に就いている人たち

平成6年3月現在、わが国には3,105の博物館があります。設置者別に見ると国立41館（1％）、公立1,907館（61％）、私立1,080館（35％）、大学77館（3％）です。

また、これらを館種別に見ると総合136館（4％）、郷土458館（15％）、美術605館（20％）、歴史1,368館（44％）、自然史144館（5％）、理工149館（5％）、動物園75館（2％）、水族館67館（2％）、植物園73館（2％）、動水植30館（1％）となっています。さらに博物館法

●図6-2　職業ハンドブック（一部抜粋）

67

職業理解についての援助が中心になる場合

　職業理解の意義も自己理解と同様に，進路選択の際に利用される職業についての情報の質と量を高める点にある。しかし職業の種類は非常に多様であり，それにくらべると面接者がもっている職業についての知識は，ごくかぎられた，またかたよったものでしかない。推測や憶測に基づいて面接を進めることはできないので，信頼できる情報源が必要である。

　このような情報を提供してくれる代表的存在は，300の職業が解説されている「職業ハンドブック」だろう（図6-2）。また CD-ROM 版もあり，これには検索機能が付与されている。さらに，インターネット上の情報を利用することを考えてもよいだろう。

- 日本労働研究機構（編）　1997　職業ハンドブック　日本労働研究機構
- 日本労働研究機構（編）　1997　職業ハンドブック CD-ROM 検索システム　日本労働研究機構

意思決定についての援助が中心になる場合

　自己理解や職業理解がいくら進展しても，それを材料にして妥当な決定ができなければ宝のもち腐れである。これを読んでいるあなたは，手持ちの情報を十分に活用して妥当な決定をするための方法を知っているだろうか？　人は一般的に，どのように進路を決定したらよいかについての体系的な方法をもっていないと指摘されているのである。そのため，面接を通して意思決定の方法を教示したり，シミュレーションをしたりする必要があるケースも出てくる。

　どのような決定プロセスを歩めば最も妥当な決定ができるかということについては，意思決定理論が役立つだろう。規範モデルとよばれる，どのように選択を行なったら理想的で合理的な決定ができるかを示すモデルの一例として，ジェラット（Gelatt, 1962）のモデル（図6-3）を示す。このモデルは，集めた資料（自分自身についての情報や職業についての情報など）を活用し，可能な選択行為やその結果について可能性を予測し（予測システム），個人の価値観からみた結果の望ましさを考え（価値システム），さらにそれを目的・目標にもとづく評価・選択基準に照らし合わせて評価する（基準）というプロセスを踏むべきであることを示している。「どうやって決めたらよいかわからない」

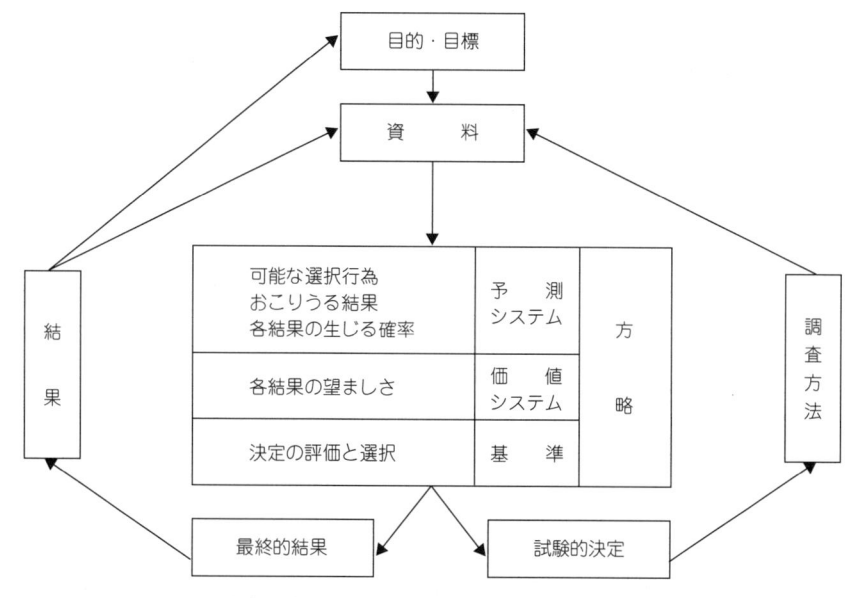

●図 6-3　ジェラットの意思決定モデル（Gelatt, 1962）

場合への対処として，参考となる知見を与えてくれるだろう。以下に示す吉田（1987）では，このモデルを使った実践研究が報告されているので参考にされたい。また他の意思決定理論については，小橋（1988）が参考になる。

- ●小橋康章　1988　決定を支援する　認知科学選書18　東京大学出版会
- ●吉田明子　1987　進路決定における意志決定過程の学習の効果　進路指導研究　8, 1-6.

③　発展学習のために

進路指導における面接の位置づけ

「進路指導は何をめざすのか」という問いに簡潔に答えるとしたら，「自分で自分の生き方を決め，歩んでいけるように援助すること」となるだろう。面接は，このような援助の方法の一つという位置にある。面接を含む進路指導の良否は，進路指導のめざすところという大きな観点から評価するべきであるが，進路指導の方法の一つとして面接を考える場合には，もう少し小さい観点が必要となるだろう。進路指導における面接を研究課題とする場合には，進路指導の大きな目的の中に自分の設定した

面接目標を明確に位置づけ，方向を見失わないようにすることが重要である。

なお進路指導における面接では，一般的に指示的な色彩が濃くなる傾向がある。しかし先に述べたように，目的は被面接者が自分自身で進路を決められるようになることなのである。蛇足かもしれないが，このような特徴は必ず頭のどこかにとどめておこう。

参考書など

進路指導における面接について記述してある本や論文は，非常に少ないのが現状である。そのような状況のなかで，どうやって学習を進めていくか。ひとつの方法は，進路指導の理念や理論についての論文や書籍を見つけ，そして，いずれかの理論をベースに面接方法を創りだすのである。つまり，きわめて基本的な実践研究の姿である，理論を学び，それを実践に生かす方法をみずから提案し検討するということである。むずかしいかもしれないが，意義深い研究になるだろう。

- ●日本進路指導学会編　1996　キャリア・カウンセリング―その基礎と技法，実際―　実務教育出版
- ● Gysbers, N. C., & Associates　1984　*Designing Careers*. San Francisco : Jossey-Bass. 日本進路指導学会（訳）　1987　進路設計　日本進路指導協会
- ●藤本喜八　1991　進路指導論　恒星社厚生閣

引用文献

Bandura, A.　1977　Self-efficacy : Toward a unifing theory of behavioral change. *Psychological Review*, **84**, 191-215.

Gelatt, H. B.　1962　Decision-making : A conceptual frame of reference for counseling. *Journal of Counseling Psychology*, **9**, 240-245.

浦上昌則　1995　学生の進路選択に対する自己効力に関する研究　名古屋大学教育学部紀要（教育心理学科）**42**, 115-126.

コラム7　中学教師の三者面談の手順と問題点

　中学校で行なう三者面談は，学校によって時期も回数も異なる。しかし，どの学校でも中学3年の時に進路に関する三者面談を必ず行なう。そこで，ここでは三者面談の手順と問題点について考えてみたい。

1．三者面談の手順

【手順1】面談に必要な資料を用意すること

　面談にあたっては，いろいろな資料を用意する必要がある。一般的な資料としては，高校や各種専門学校，職業訓練校の概要や案内。就職を希望する生徒には求人情報などがあげられる。

　また，面談に必要な個人的な資料を用意することも必要である。たとえば，生徒の進路に関する意識，生徒の興味・関心など。学力検査，知能検査，職業適性検査，体力測定の結果，健康診断結果など。家庭環境調査の結果，保護者会や個別面談，家庭訪問等で得た進路に関する記録など。

　これらの資料については，教師が十分に理解し，生徒の希望，能力，適正等を考慮しながら呈示する必要がある。時には，生徒に知らせない方がよい情報もあることを，心に留めておくべきである。また，資料については他の教師間で共通理解をしておく必要がある。

【手順2】面談の場所の確保

　3年生全員が一斉に三者面談を行なう場合には，普通教室が面談の場となる。しかし，教室で面談を行なう場合，次の面談者が廊下で待っていたりして教室での面談内容が漏れてしまうことがある。面談の内容は個人のプライバシーに深くかかわっているため，秘密保持ができるよう面談をする机等の配置は十分注意する必要がある。

【手順3】時間の調整

　面談時間は機械的に一人当たり10分とか20分で終わっていくのではなく，これまでの本人，保護者との面談で，三者面談に時間がかかりそうなら前もって多くの時間を割いた計画をする必要がある。

2．三者面談の問題点

　三者面談を実際に行なっていくといくつかの問題点にぶつかる。たとえば，「親の希望と子どもの希望が一致していない」，「親が進路について無関心」，「親の意見だけで決定していく」などいろいろな事例が挙げられる。これらのほとんどは生徒と保護者の間で進路についての話し合いが十分に行なわれていないのが原因である。これらの問題は，三者面談が始まった時点では解決がむずかしい。入学した時点から，家庭との連絡を密にし，生徒の自己理解を中心として教師が指導援助する必要がある。

（前田洋一）

7章 相談的面接法による研究の実際

① 事例研究

事例研究とは

　事例研究とは，一例あるいは少数の事例をもとにして，その事例の具体的状況や独自性，個別性に焦点を当てながら，一方で事例に関して得られた知見の普遍的意味を検討しようとする方法である。個性記述的な（ideographic）方法とよばれ，数多くのデータをもとにして個々のデータの個別性を捨象し，一般的法則や原理を見いだそうとする法則定立的な（nomothetic）方法と対置される。

事例研究の長所と問題および方向性

　個人のあり方にはさまざまな変数が複雑に影響しあっている。それを調査研究のようにあらかじめ定められている変数で分析してしまうと，事例の本質が見えなくなる危険性が高い。個人には他者と共通の特質をもちながら，一方でそうした共通性という「ふるい」からはこぼれ落ちてしまう特性，あるいは共通性を成り立たせている個別的な条件が存在する。そのような特性や条件を含めて事例を描き出すことによって「血の通った」人間像が浮かび上がることになり，それは私たちの生き方や他者にたいするかかわり方にも影響を及ぼしうると考えられるのである。

　しかし，一方で事例研究では，ⅰ）研究者の研究対象への影響や研究者の主観が結論を左右するため，信頼性，妥当性が乏しい，ⅱ）一事例についての結論を一般化することには問題がある，との指摘がある。

　前者については，むしろ研究者という変数も事例研究の中に取り込んだ視点こそが事例研究を事例研究たらしめると考えられる（河合・佐治・成瀬，1977）。またⅱ）については，土居（1977）は「ケース（事例）という場合は何かのケースということが常に含意されている。つまりケース概念は分類概念を前提にしている」と述べている。事例から一般性，普遍性にいたる道筋として藤縄（1976）は「①特殊例に何らかの経験をする→②その経験を一般化しよ

① 事例研究

うと概念化の努力を試みる→③多くの症例にあたって，見出した事実を追経験し，確かめる→④特殊例から出発した経験を一般的なものとして概念化し，主張する→⑤その視点を明晰に示す典型的範例を挙げる」という過程を経て，個別性から普遍性にいたる，としている。すなわち一事例の結論を一足飛びに一般化するのではないが，そこにいたる道は開かれているのである。この過程をすべて実現することは容易ではないが，それでもこうした道筋を意識していることは重要である。

事例研究の対象　多くは心理治療のクライエント（来談者）や心理検査の被験者など，症状や問題行動を呈している対象が選ばれる。学部学生の段階でこうした対象を選ぶのは困難であるし，適切とも考えられない。心理臨床の分野では，自分が参加したエンカウンター・グループにおける事例研究ならば可能であろう。

　もっと対象を広げて，自分の研究テーマ，たとえば第4章で取り上げた自我同一性なら自我同一性というテーマに関して，一方で質問紙や構造化された面接を行ないながら，他方で被験者の中で典型例や特異な状態を示した被験者を選び，その自我同一性のありようにかかわってくる条件をより詳しく聴く場合なども現実的な方向である。また歴史的人物や有名な事件にかかわった人間についてさまざまな資料を集めて事例研究を行なう，いわゆる病跡学的手法も事例研究として考えられ，興味を引くものである。しかし，これにはその事例に関する資料だけではなく，研究者側にしっかりと身についた人格理論と，あたかもその人物とかかわっているかのように想像し得るだけの実際の臨床経験（より広くは人とかかわってきた経験）がないと表面をなぞるだけに終わってしまうと考えられる。

　また「自分自身」を研究対象とする自己分析，自分史研究も事例研究となる。この場合には，研究対象に関する知識は豊富にあるわけであるが，後に述べるように研究対象が自分であるということにともなう独特のむずかしさがある。

事例研究に求められる前提条件

1. 人格理論の基礎と経験との照合

事例研究においては，人間の個々の特性を断片的にとらえるのではなく，（特定の人格特性を中心に据えるにしても）全体像を描き出すことをめざすものである。そのためには，最低限度，精神分析理論や人間学的心理学，学習理論の三つの主要な理論の基礎には親しんでいることが必要であろう。さらに，それらが単に理論的な知識としてではなく，日常の経験の中ではどのようなことと結びついているのかという照合が，研究者の中で日々行なわれていることが望ましい。

2. 他の事例研究を読むこと

雑誌や書籍に掲載されている事例研究を読み，事例研究の記述のし方，考え方になじんでおくことを勧めたい。心理治療や心理検査，臨床心理士による事例研究と精神科医による事例研究など異なったタイプの事例研究を読むことによって，それぞれに共通する事例研究の条件と異なった条件について具体的に把握することができ，さらに自分のスタンスを決めることにも役立つだろう。

3. 傾聴訓練と自分という変数の自覚

心理治療あるいは援助を目的にした面接においてだけではなく，特定の研究テーマに沿った事例研究を行なうという場合にも，傾聴の訓練は大切である。「この人になら話してもよさそうだ」と被験者が感じはじめて，その被験者を深く理解する重要な手がかりが得られるからである。この点では，じつは技術的な訓練だけでは不十分で自分の人間性も含めた自分という変数が，得られる情報の量と質に影響を与えているのである。すなわち他者に対する自分の反応のかたよりや，耳を傾けうる「守備範囲」のようなものを自覚していることが望まれる。

事例研究をどのように進めるか

1. 面接以前の作業

前もって被験者についての情報が得られている場合がある。たとえばその被験者の趣味であるとか，入っているサークルであるとかの情報でも得られていれば，その情報に基づいて，あれこれと想像をめぐらせておくとよい。またそうした情報について雑誌や書籍などで予備知識が得られるならば可能なかぎり調べてみることである。こうした作業をしな

いで「白紙」の状態で面接をする方がいいとする意見もあろう。しかし，面接する側はそれまでの生きてきた歴史から影響を受けた先入観をもって人に会うわけで，「白紙」の状態で会うことはあり得ないと考えられる。したがって，むしろいろいろな仮説を事前にもっていて，それらを柔軟に修正する姿勢でいる方がかたよりが少なく，発見が多いと考えられる。また被験者にとっても，自分に関するいくつかの側面に面接者が関心をもっていることが感じられれば話しやすいのは当然である。たとえて言えば「話の受け皿」が用意されているのである。

2．面接の過程

　事例研究全体に通じることであるが，面接においては被験者の話を傾聴しながら，「連想や想像を広げたり，論理の筋道を緩めること」と「内容を整理し，論理的に再構成すること」という二つの相反するいわば「ベクトル」のバランスを柔軟にとると，豊かでしかも納得のいく面接となる。前者にかたよると，まとまりのない面接となるし，後者にかたよると筋道ははっきりするが，そこから外れた内容は切り捨てられた貧弱な面接となる。

3．素材としての記録について

　面接によって研究対象に関するデータを集める場合，記録をできるかぎり詳細にしておく必要がある。面接それ自体は録音等で記録しておくにしても，被面接者の服装や髪型等の外見，姿勢やしぐさなど，直接研究テーマにかかわりがないように見えることも記録しておくことが望ましい。はじめは重要ではないと思っていたことが，被験者に対する理解が深まっていくうちに，事例の全体像を構成する重要な要素として位置づけられるようになる場合が少なくない。

4．事例理解へ向けて

　記録をもとにして，面接過程で行なったように事例理解のための仮説を立て，検討して考察していくことになる。この際，記録と自分で考えたことを自分の指導教員なり，先輩に呈示してともに検討していくことが望ましい。調査研究の場合ほど厳密ではないにしろ，考察が独善的になることを防ぎ，事例研究の信頼性や妥当性を高めることに役立つだろう。もちろん，指導者の言うことを鵜呑みにするのではなく，自分でも十分納得できるかどうかが重要である。

自己分析あるいは自分史研究

　基本的には事例研究の対象が自分自身になったということで、これまでの事例研究の原則が通じる。またこの場合、生育歴から家族関係まで臨床事例の場合と同じような情報が得られるわけである。うまくいけば自分がこれまで気づかなかった側面や葛藤、問題、あるいは潜在的な能力に気づき生き方に建設的な変容が生じる場合もあるだろう。そこまでいかなくても自分の今までの生き方をしっかり認識するだけでも何かしら自分を確認する意味はあるかもしれない。

　しかし、自分を研究対象とすると、どうしても自分に都合の良いような側面にばかり焦点があたったり、自己中心的なとらえ方にかたよったりしがちである。それは自我防衛という観点からして当然の成り行きである。それを何がしか超えるためには、やはり「他者のまなざし」が必要なのではないだろうか。具体的には、自分史をもとに指導者やその他の人と検討することがあげられる。またエンカウンター・グループや（身近な他者との関係で自分を徹底的に見つめる）内観療法の経験など、知的作業を超える経験をすることも大いに意味があるだろう。

事例研究の例

　以上のことをふまえて、実際の事例研究（近藤, 1984）の一部を紹介しよう。執筆者は大学教員であるが、対象が臨床例ではなく、学部の学生であり、エンカウンター・グループ体験が大きな意味をもっているところから、卒論として事例研究を書く際にも参考になるだろう。

　この事例研究は、卒論指導の学生であるAを取り上げ、著者とAとの話し合いやTAT結果と、A自身のエンカウンター・グループ経験に関する卒論を素材にして書かれている。Aがグループ経験をする前までに、著者はAの生育歴から、Aについて「表面的にはおとなしい良い子と見られていたが、内心は疎外感や周囲から圧迫される苦しみを味わってきた。とりわけ高校時代はもっともつらい時期だった」とまとめている。そして「自分らしく動ける空間を求めて」エンカウンター・グループに出会うのである。Aは4回目のグループ経験で次のような経験をし、それに対する著者の考察が付されている。彼の文章から引用しよう。

1 事例研究

事例研究「大学生の成長におけるグループ的接近の意義」（近藤，1984）

【Aの体験】
（前略）6月のウィークリーのセッションのときである。メンバーがそれぞれバラバラに話していた。私はどこにも入らなかったし，入れなかった。そのうち体がぶるぶるふるえて興奮してきた。ものすごい苛立ちだった。自分自身がこのままバラバラになってしまうのではないかという気分になって，息を吸って吐くことさえすごくつらかった。とにかくいたたまれなくなった。私の体が何かを感じていたのである。何かを話したいと思っていたのである。そんな私を見てひとりのメンバーが「グループをやめたらいいんじゃない」といったために，グループはそのことについて話をはじめてしまった。私は完全に取り残されてしまった。何もいえぬままに終わってしまった。しかし，その経験から私は自分自身を信ずるようになった。どこかで何かを感じているということを大切にしようと思うようになった。

【著者の考察】
　後半の部分への展開が唐突でわかりにくいが，しかし重要なことは次の諸点であると思われる。一つは，このような恐ろしい不安な経験はこれまでの自分ならば一刻も早く自分の体の中から排除し，安心したいものだったろうが，しかしどうもそうではないらしい。その経験の中にはそのときに「自分が感じ，話したい重要な何かがこめられており，それはかけがえのない大切なものだ」という発見だろう。「自分が気がつく前に体が何かを感じてくれている。せっかく気づかせてもらっているのにそれを切ってしまったら，奥深いものに気づけなくなる」と彼はこのときにはっきり感じたという。しかもこの自分の奥深いものに気づいていく行程で，"他人がそれを明らかに誤解することがある"という発見も"自分"が寄って立つ拠点をそこに定めていくうえできわめて重要なことだったと思われる。このような，一見否定的に考えられる感情過程にも重要な意味を見出しそれを大切にしていこうという動きは，その後さまざまな感情領域に広がっていく。「他人との間で"気まずい"思いをするのはそこに問題があるからであって，その気まずさを振り払ってしまったら大事なことを失うことになる」「"無理"とか"不自然さ"というのはむしろ本当の"自然さ"に近づいていくために必要なプロセスではないのか」（後略）

　この抜粋を読むと，著者が先の文書の中であえてこの箇所を引用したこと，および後の考察の中に，おもに力動的心理学と人間学的心理学，体験過程理論，さらには心理臨床経験などが見事に統合されていることが見て取れるはずである。

② 相談的面接における実験的研究

　相談的面接をしているときに相手から伝わってくるものはことばを媒体にしたものばかりではない。楽しい話をしているときには明るい表情になっていて，それを見ている聞き手には自然と話し手の楽しさが伝わってくる。また，淡々と事実を語っているのに，話し手の表情や声の抑揚などから，深い悲しみや大きな不安があるように感じられる時もある。このように相手の表情や声の抑揚，動作などは，聞き手にある種の情報を伝える役割を果している。このようなことばによらない伝達形態を非言語的コミュニケーション（ノンバーバル・コミュニケーション）とよぶ。

　非言語的コミュニケーションは，相談的面接では重要な役割を果たす。相談の内容は「このことがらを話しても，相手にヘンに思われないだろうか」といった判断を経てことばとして表現される，知的な要素をより強く反映したものである。そのために話の内容や相手との関係によって，意識的に省略されて表現されたり，語られなかったりすることもある。それにくらべ，非言語的コミュニケーションはことばよりもむしろ感情を反映したものと考えられる。知らず知らずのうちに，感情の一部が非言語的コミュニケーションを通して表現されているのである。相談的面接においては，この両者のそれぞれに注目し，話し手の感情や伝えようとすることがらを理解する必要がある。言語能力が十分に発達していない子どもや話すことに抵抗のある人，混乱がひどくうまく話ができない状態の人等との面接では，むしろ非言語的コミュニケーションにウエイトを置いて面接を行なう必要がある。

　ここでは非言語的コミュニケーションに着目している研究を紹介する。これらの研究は，相談的面接場面での非言語的コミュニケーションの現われる状況やその意味について，また相談的面接における面接者とクライアントとのラポールを形成する際の面接者の態度・行動などについての有意義な知見を含んでいる。

② 相談的面接における実験的研究

アイコンタクトと感情表出との関係（飯塚，一九九一）

被験者 女子短大生64名

手続き 被験者は仮想の面接場面に通され，ある文章（ポジティブさ要因：相手に対する好意的な内容と怒りの内容の2水準が設定されている）を同じ面接場面にいる表出対象人物に感情を込めて伝えるように求められる。ポジティブさ要因のほかに，感情強度要因（強，弱の2水準），表出対象要因（男，女の2水準）が設定されている。

被験者には，実験の3日前に実験で用いる文章が渡され，実験日までにそれを覚えるように指示がされた。また。実験の際に「文章をこの人に向かって，非常に強く（あるいは弱く）表現してください」と口頭で教示を与え，感情強度要因を操作した。

実験が行なわれている間，ハーフミラー越しにいる観察者が，被験者の表出対象人物への視線量（視線を向けている時間）を録音式行動記録器を用いて測定した。

結果 視線総量（視線を向けていた時間／全表出時間：表7-1）について3要因分散分析を行なったところ，表出対象要因についての主効果，感情強度要因の主効果，および感情のポジティブさ要因と表出対象要因との交互作用が認められた。これらのことから，①表出対象が女性の場合に相手に対する視線量が多い，②強い感情表出には視線量が増える，③男性に対するネガティブな感情の表出時には視線活動が抑制されるという結果が示された。視線を合わせることが，表出する感情の強弱や話し手の属性と密接に関連していることが明らかになった。

●表7-1 視線総量の平均と標準偏差（飯塚，1991）

	表出対象			
	異性		同性	
	強	弱	強	弱
ポジティブ感情	41.80	29.67	39.70	23.80
	(29.65)	(27.86)	(32.99)	(27.87)
ネガティブ感情	47.69	40.92	27.73	16.96
	(33.18)	(30.54)	(27.01)	(20.90)

（ ）内は標準偏差

第1部　相談的面接法の理論と技法

7章　相談的面接法による研究の実際

対人認知における瞬目の影響（大森・山田・宮田、一九九七）

被験者　大学生および専門学校生134名（男子96人，女子38人）

手続き　被験者に対する刺激材料として，1人の話し手が登場する約1分間のビデオを用いた。話し手は男女各1名で，男性は「渡り鳥について」，「インドネシアについて」，女性は「天気予報について」，「酒について」のそれぞれ2つの話をする。さらに1つの話に対して，話し手が瞬目を多くして話す条件（高瞬目率条件）と瞬目を少なくして話す条件（低瞬目率条件）を設定した。話し手(2)×話の内容(2)×瞬目条件(2)の計8本のビデオが作成された。

実験は視聴覚教室において，24～57名の集団で行なわれた。話の内容の重複しない4本のビデオを呈示し，視聴後にビデオに登場した話し手に対する印象を評定させた。印象評定には「強い―弱い」，「あたたかい―つめたい」などの32項目が用いられた。

結果　評定された項目を用いて因子分析を行なったところ，3つの因子が抽出され，それぞれ力動性，親近性，誠実性と名づけられた。これらの3因子の得点が，瞬目条件によって違いが生じるかを検定した結果，力動性および誠実性の因子で瞬目条件による差が見られた。高瞬目率条件の話し手は，低瞬目率条件の話し手よりも，力動性と誠実性に欠けると認知されていることが示された。筆者らは，瞬目の多さは不安や緊張の増加，神経症傾向などと関連しているという暗黙の認識により，瞬目の多い人物に対して否定的な印象が形成されるのではないかと考察している。

面接者との距離が瞬目と心拍数に与える影響（大森・宮田、一九九八）

被験者　大学生21名（男子8名，女子13名）

手続き　面接が行なわれる際の面接者と被験者の距離として，3水準（近距離：0.8m，中距離：2.0m，遠距離：4.0m）を設定し，各被験者にそれぞれ1回ずつ計3回の面接が行なわれた。被験者には，あらかじめ電極が装着され，それによって瞬目と心拍数が測定できるようになっている。距離の3水準は被験者ごとにランダムに呈示され，面接者は1回の面接で，就職や勉強，性格などについて質問し，被験者にはそれぞれについて1分程度で答えるように指示された。2分の休憩をはさんで，連続して3回の面接が行なわれた。

各面接の終了直後に，面接中の心理状態を測定する質問紙に回答を求めた。質問紙は「緊張した―リラックスした」，「不安な―不安でない」等の4項目から構成され，各項目とも7段階で回答を求めた。

結果 面接中の平均瞬目率について，距離条件(3)×被験者の性別(2)の分散分析を行なったところ，距離条件で有意な主効果がみられた（「近距離」＞「中距離」＞「遠距離」）。2つの条件の交互作用が認められたので下位検定を行なったところ，男性被験者では近・中距離と遠距離のあいだに，女性被験者では近距離と中・遠距離とのあいだに有意差が見られた。

面接中の心理状態を測定した質問紙の結果では，近距離は中・遠距離よりも「緊張」しており，「不安」や「居心地の悪さ」を感じていることから，筆者らは相手との距離が近すぎることによる緊張や不安の高まりなどが，瞬目に影響を及ぼしたのではないかと考察している。

心拍数についても同様の分析を行なったが，有意差は見られなかった。

聞き手の相づちが話し手の対人魅力におよぼす影響（川名，1986）

被験者 大学1，2年生40名

手続き 実験に先立ち，同性どうしの4人組を作り，うち2人を話し手，残りの2人を聞き手と役割を決めた。さらに，それぞれの役割に対して事前の教示が行なわれた。話し手役には絵画統覚法（TAT）から選んだ3枚の絵のコピーを渡し，実験当日までに，その絵を材料にして，できるだけ面白くドラマチックな話を作り，実験の際に聞き手に話すように指示をした。

聞き手役には，2人の話し手のうち，一方には相づち（「ええ」，「なるほど」等）やうなづきを多くして話を聞き，もう一方には相づちやうなずきを極力避けて話を聞くように教示した。

実験は2つの実験室で並行して行なわれた。話し手役はそれぞれ自分が作ってきた話を2人の聞き手のそれぞれに10分程度で話し，その後，聞き手・話し手の両者に相手に対する対人認知，対人魅力を測定する質問紙に回答することが求められた。質問紙は「誠実な―不誠実な」，「頭がよい―頭が悪い」などからなる10項目で構成されており，各項目について－3～＋3で回答を求めた。

結果　対人認知・対人魅力を測定する質問紙で得られた回答から,「知的・道徳的魅力」と「感情的・社交的魅力」の2つの測度を作成し,それらが相づちのあるなし,聞き手と話し手という観点から違いがあるかを検討した結果,「感情的・社交的魅力」で「相づちあり・聞き手」>「相づちあり・話し手」>「相づちなし・話し手」>「相づちなし・聞き手」の順に有意差があることが示された。相づちは話し手にとっても聞き手にとっても,相手に対する感情的・社交的魅力を感じさせるコミュニケーションであることが明らかになった。

③ 相談的面接の効果に関する研究

相談的面接の効果研究の必要性

　相談的面接の効果を実証的に研究することについて,効果があるのは自明であり,それをいまさら研究してもしかたがないと考える人が多くいるだろう。

　たしかに相談的面接が進む過程で,クライエントのパーソナリティが変化することを観察することはある。そのことに強く印象づけられたカウンセラーが,やはり自分のやり方は正しくて効果があるのだと信じるようになることもあるだろう。しかし,クライエントは,相談的面接だけに関与しているのではない。たとえば,新しい友人との交流が始まったなどの,パーソナリティ変化を生じる可能性のある他のさまざまな要因の影響を受けている。また,自然治癒がクライエントに生じる場合があることも,現在認められている。相談的面接によって,クライエントのパーソナリティ変化が生じたとは断言できないのである。

　カウンセラーが自分のやり方に効果があるという信念をもたなければ,相談的面接に自信や情熱をもって携わることもむずかしくなるだろうが,相談的面接に効果があるかどうかは,そのような信念とは別のところで,実証的な研究によって確かめていかなければならないのである。

③ 相談的面接の効果に関する研究

ロジャースの相談的面接の効果研究

クライエント中心療法を創始したロジャース（Rogers, C. R.）は，人間が私的で主観的世界に生きていることをとくに重視しているが，他方で相談的面接の分野に客観的，実証的研究を積極的に導入してきた。ロジャースとダイモンド（Rogers & Dymond, 1954）は，クライエント中心療法の効果，すなわちクライエントに建設的パーソナリティの変化が起こるかどうかを確かめる実証的研究を行ない，「心理療法とパーソナリティ変化」として発表している。

この研究の計画は，図7-1に示す通りである。治療群の人びとは，援助を求めてきたクライエント29人である。このうち約半数の人々は，無待機群として待たされることなく相談的面接を受けることになったが，残りの人々は，自己統制群として60日間相談的面接を受けないで待機するよう要請された。この群は，相談的面接を受けなくても相談的面接への動機があるだけで，建設的なパーソナリティの変化が起こるかどうかを検討するために設けられた。もし待機期間に，この人たちに変化が起きたなら，自然治癒が起きたと考えられたのである。治療群の人々の相談的面接を担当したのは，ロジャース自身を含むクライエント中心療法のカウンセラー12人である。

また，統制群は，相談的面接を受けない人々の群であり，2つの治療群（無待機群・自己待機群）のそれぞれに対応する統制群が設けられた。彼らは，カウンセリングを必要としていない人々であり，治療群の人々と比較ができるよう，相談的面接を受けないということ以外の要因，性，年齢，社会経済的地位

		待機期間 （60日間）	相談的面接	フォローアップ期間 （6〜12か月間）
治療群	自己統制群	待機期間 （60日間）	相談的面接	フォローアップ期間 （6〜12か月間）
	無待機群		相談的面接	フォローアップ期間 （6〜12か月間）
統制群	自己待機群に対応する群			
	無待機群に対応する群			
テスト実施時		待機前　　　相談的面接前　　　相談的面接後　　フォローアップ時		

●図7-1　研究計画（Rogers & Dymond, 1954 にもとづく）

などが，治療群の人々にほぼ対応するよう選ばれた。もし相談的面接とは別な，思わぬ要因，後に述べる，テストをくり返し受けることなどの要因によって変化が起きるとすれば，それは統制群の変化として現われるはずであると考えられるが，それを確認するために，統制群は設けられたのである。

以上のようにいくつもの群が設けられた研究計画全体がめざすのは，自己待機群の人々に待機期間に起きる変化や，統制群の人々に起きる変化よりももっと大きな変化が，相談的面接の期間に治療群の人々に起きたなら，それは相談的面接に帰することができるということを確かめることといえよう。

相談的面接の効果を調べるために，自己概念，情緒的成熟を示す行動，他者への態度などの多くの面にわたる，おもにテストを用いた測定が行なわれた。測定が行なわれたのは，図7-1に示されているように，待機前，相談的面接前，相談的面接後，フォローアップ時である。

多くの結果の中から，以下に自己概念の変化についての結果を示す。

自己概念と理想的自己概念　自己概念は，クライエント中心療法の基礎をなす理論，自己理論における最も重要な概念のひとつである。自己概念は「意識に許容しうる自己―『知覚する自己』または『知覚される自己』―およびその概念に付着している価値の特質に関する，流動的であるが統一性のある，体制化された概念のパターン」（Rogers & Dymond, 1954）であると定義されている。

一般にクライエントは，自分に対し不満を覚え，他の人々にくらべ，自己概念がそうありたいと望む理想的自己概念と隔たっている。しかし，相談的面接を通じ自己に対する不満は減少すると予想される。自己概念と理想的自己概念は解体され，両者の差異が減少した形で再体制化されると考えられるのである。

この研究では，自己概念の測定手法として，Qテクニックが用いられた。この手法では，自己に関する説明文を書いたカードが100枚用意される（表7-2に

● 表7-2　自己に関する説明文例（Rogers & Dymond, 1954 にもとづく）

私はいつも屈辱感をもっている。	私の心は満ち足りている。
私は希望をもつことがない。	私は寛容である。
私の心は混乱している。	私は自分を信頼している。
私はつまらぬ人間です。	私は自分の悩みに対して自分の責任を感ずる。

●表7-3 自己概念分類と理想的自己概念分類の相関
（Rogers & Dymond, 1954 にもとづく）

	相談的面接前	相談的面接後	フォローアップ時
治療群	−.01	.34	.31
統制群	.58	—	.59

その例をいくつか示す）。それらを「私に最も似ている」から「私に最も似ていない」までの9段階に分類させるのであるが、9段階に分類された100個の特徴のパターンが、分類した人の自己概念とされた。また、「私の理想像に最も似ている」から「私の理想像に最も似ていない」までの9段階に分類された特徴のパターンは、当人が最もなりたいと思っている理想的自己概念とされた。そして、この研究では、治療群の人々は、相談的面接前には、両者の分類の相関が低いが、相談的面接後には、相関が高くなると予想された。

表7-3に示すように、治療群の人々の両分類の相関は、相談的面接前には低く、相談的面接後には高くなったが、統制群の人々の相関は相談的面接の前も後も高く、変化が見られなかった。つまり、相談的面接を求めてきた人々の自己概念と理想的自己概念が、クライエント中心療法を通じて類似してきたのである。なお、この変化は「著しく進歩した」と判定された人々の場合には、とくに目立つものになっていた。また、自己待機群の人々の、待機前の両者の相関の平均はほとんど0であり、それは相談的面接前においても変わらなかった。この結果は、待機期間中に何も変化が起きなかったことを示している。

Q・適応点　クライエント中心療法によってクライエントの自己概念がより適応した方向に向かうと考えられるが、これを適応に関する外部規準を設けることによって検討できる。このために、クライエント中心療法以外の立場の、しかもこの研究に従事していない2人のカウンセラーが、Qテクニックの100の説明文について、よく適応している人物が最も自分に似ているとするものから自分に最も似ていないとするものまでの9段階に分けるよう頼まれた（表7-2の右側にある説明文はどれも適応をあらわすと判定され、左側にある説明文はどれも不適応をあらわすと判定された）。Q・適応点とは、このよく適応している人物の自己概念に被験者の自己概念が近似している程度を表わす数値である。

●表7-4　Q・適応点（Rogers & Dymond, 1954 にもとづく）

	相談的面接前	相談的面接後	フォローアップ時
治療群	28.80	39.80	38.36
統制群	44.96	45.12	44.52

　この適応の規準によれば，治療群の人々は，相談的面接前には統制群の人々よりも不適応的な自己概念をもっていた。ところが，相談的面接後には治療群の人々の自己概念は，より適応した方向に変化し，統制群との有意な差は見られなくなったのである（表7-4）。なお，この変化は「著しく進歩した」と判定された人々の場合に，とくに目立つものになっていた。また，自己統制群のQ・適応点は，待機している2か月間に意味ある変化を示していなかった。動機づけがあるだけではQ・適応点の増加は生じなかったのである。

この研究の意義

　この研究について，クライエント中心療法という1つの立場にかぎられてはいるが，この立場のカウンセラーの相談的面接によって，クライエントのパーソナリティに改善の方向への変化が生じるという証拠を得たとして，ロジャース自身が高く評価している。厳密に統制された研究の計画に基づいて行なわれ，従来から用いられてきた，治癒，成功という概念の代わりに，パーソナリティの改善を自己概念の変化を含む多くの面から測定するというやり方を用いられていることも高く評価できる。しかし，たとえば，アイゼンク（Eysenck, H. J.）は，統制群の人々は，実験群と同じ範疇に属する人々であるのが適切なのに，そうなっていないこと，自己待機群の待機の期間が短すぎて，自然治癒の問題に十分答えることができていないこと，研究者が患者の是認，否認を誘導しやすい言語的検査が使用されていて，十分な客観的証拠とならないことなどをあげて批判している（Eysenck, 1966）。研究の意義は大きいが，改善の余地がまだまだあるというべきであろう。

引用文献

土居健郎　1977　方法としての面接　医学書院
Eysenck, H. J.　1966　*The effect of Psychotherapy.*　International Science Press.　大原健士郎・清水　信（訳）1969　心理療法の効果　誠信書房
藤縄　昭　1976　「事例研究」雑感　京都大学教育学部心理教育相談室紀要　臨床心理事

例研究 **3** 6-8.
飯塚雄一 1991 視線と感情表出の関係について 実験社会心理学研究, **31**, 147-154.
河合隼雄・佐治守夫・成瀬悟策 1977 臨床心理学におけるケース研究 臨床心理ケース研究 1 誠信書房 Pp. 231-254.
川名好裕 1986 対話状況における聞き手の相づちが対人魅力に及ぼす効果 実験社会心理学研究 **26**, 67-76.
近藤邦夫 1984 大学生の成長におけるグループ的接近の意義 村瀬孝雄(編) 青年期危機の心理臨床 福村出版 Pp. 139-166.
大森慈子・宮田 洋 1998 面接者との距離が被面接者の瞬目と心拍に与える影響 心理学研究 **69**, 408-413.
大森慈子・山田冨美雄・宮田 洋 1997 対人認知における瞬目の影響 社会心理学研究 **12**, 183-189.
Rogers, C. R. & Dymond, R. F. 1954 *Psychotherapy and Personality Change.* University of Chicago Press. 友田不二男(編訳) 1967 パースナリティの変化 ロージァズ全集第13巻 岩崎学術出版社

コラム 8　集団心理療法における面接

　個人心理療法と対比させたときの集団心理療法の特徴は，集団それ自体がメンバーの不適応行動を変化させる道具となる，ということである。集団心理療法における面接では，メンバーとメンバーの相互作用とメンバーと治療者の相互作用の両方が，不適応行動の変化に有効にはたらくことが期待されるのである。

　筆者は，摂食障害患者の集団心理療法を担当しているが，患者が初めて，グループに参加した時「食べることで悩んでいるのは自分だけじゃないんだ」と感想を述べることが多い。症状のことをいままでだれにも相談できなかったり，周りは知っていても理解してもらえないでいた患者は，自分の問題は自分だけのものではない，ということを知り，大きな安心感を体験する。また，他のメンバーが近況を話す際に，感情を素直に表現するのを目の当たりにして，患者は驚く。いままで自分の感情を表現する機会がなかったり，感情を表現すると罰が与えられる体験をしてきていたり，そもそも自分の感情を言語化することがわからなかったり，といった患者たちは，自分の感情を表現してもいいことに気づく。自分のことばで，症状のことや近況や感情などを語り，出しても怖くないという体験をする。そして，食行動に影響を与える，状況的，心理的な要因があることを学習する。さらに，自分が語ることによって，他のメンバーが気づきを得る場合もあり，そうすると，自分が他のメンバーの役に立つという体験は，自尊心が低い彼女らにとって，とても価値のあることである。同時に，自分は役立たないという体験をするメンバーもいる。それらの体験は，彼女たちの内的な心理的問題における葛藤を再燃させることとなり，治るかどうかという不安や怒りとともに，言語化されることがある。それらのネガティブな感情は，治療者や他のメンバーに対して向けられ，患者の対人関係の問題があらわになり，グループの中でそれと直面していくことになる。

　さて，治療者は，このような集団心理療法のなかで，何をしていけばいいのだろうか。グループの設定自体が治療手段となり得るので，まずは，一定の時間に一定の場所で決まった治療者がいてグループが開かれる，という条件を治療者が守ることが大事である。そのなかで，メンバーが不安や葛藤を認識し抱えていけるかどうかを，治療者が見守る姿勢は，個人心理療法の場合と同じであるが，時には治療者の感情体験を率直に表出し，グループの力を信頼していくことであると思われる。じつは，なかなかむずかしいことではあるが。

（草野香苗）

コラム⑨ 不登校児を集めたグループ活動

　私は，中学・高校の不登校生徒を対象としたグループ活動に参加している。この活動は，不登校生徒がもつ心理的課題を乗り越えていく力をつける場，心理的傷つきが癒される場を設けることを目的として始められた。また不登校を呈している彼らが，傷つきつまづいている仲間関係を安心して広げることができるよう期待して始められた。このグループは月に一度開催されるということ以外にはとくに決まった枠組みはなく，集まる場所や活動内容はそのつど参加者全員で決めており，月々の会への参加も個々人の判断に委ねられている。つまりこのグループはいわゆる集団心理療法とは異なり，かなりの自由性のあるサークルのようなものであるといえる。

　通常，集団心理療法ではこのような形態の流動性，枠組みの曖昧さは避けられる。なぜならば，集団心理療法においては分析や解釈を通して個人の内的な課題へと焦点を当てていくことが主目的であり，個人心理療法と同様に，揺るがない枠組みがあってこそ，個々人の心理的反応や変化が浮かび上がって見えると考えるからである。この点でこのグループ活動は集団心理療法とは大きく異なっており，厳密な意味では心理療法ともよべないものである。しかし目的とするところは心理療法と同じく心理的な援助である。学校という集団場面で傷つき，同年代の子どもたちとうまくかかわることのできない彼らを互いにつなぐために，私たちは，グループそのものの動きやグループの動きによって生じる個々人の動き，すなわちグループ・ダイナミックス（集団力動）には常に注意を向けている。またグループで元気に話し遊んでいることが，彼らの全体的生活の中ではどのような意味をもっているのかなど，不登校という問題を抱えた彼らを，グループでのようすを通して全体的に理解するように心がけている。私たちは彼らとのひとつひとつのかかわりに，専門的な相談的面接の知見を動員しているのである。

　心理的な援助を考える際，個人心理療法，集団心理療法の有効性はあらためて語る必要もないであろう。しかしそれらはいまだ敷居が高く，人によっては抵抗を感じることがある。このグループ活動には枠組みのなさからくるさまざまな問題もある。しかしながら，相談的面接の要素を織り込みながらもその枠組みが緩やかであることが，だれからの評価も気にする必要がなく，また強く気構えなくて参加できるという魅力にもつながっている。このような場所も，心理的な援助の場として，とても意味のあるものと思われる。

〔原田克己〕

コラム 10 催眠面接におけるコミュニケーション

　催眠面接とは，成瀬（1968）が述べているように催眠のもつ性質を利用して，面接をより効果的に高めようとするものである。催眠のもつ特性を生かすことにより，被面接者に，あるはたらきかけを行なったり，覚醒状態ではわからないような微細な水準の反応を調べることができる。

　催眠のもつおもな特性として，まず催眠状態においては，抑圧がゆるみ不安が少なくなるという点があげられる。このことにより，被面接者のより深層に接近して面接を行なうことができる。批判的構えが催眠状態では減るため，被面接者の防衛的態度が減少し，面接効果が高まる。また，催眠状態においては，意識性が変化し，被暗示性が高進するという特性があげられる。催眠状態は，門前（1993）によれば「意識面での活動が弱まり，下意識面での活動が強まる」状態である。このように意識が変性するため，被面接者は，覚醒状態よりも感情や感覚の暗示に反応しやすくなったり，イメージが浮かびやすくなったりし，いきいきと感情，感覚に浸ることができる。心の問題は，不都合な感情，感覚体験が深くかかわっており，このような感情，感覚を研究するための方法として，催眠面接は有効な手段の1つである。

　催眠面接の適用に関してであるが，不安，緊張が高いクライエントや夜尿，気管支喘息，乗り物酔い，偏頭痛などの神経症，心身症の治療に高い効果がみられている。催眠面接を行なうためのトレーニングとして最も重要なことは，被面接者がいまどのような心的状態にあるかということを観察する能力を高めることである。どのような面接においても求められることではあるが，被面接者の微細な表情の変化，指先の動き，呼吸の乱れなど，全身から伝わってくるメッセージを注意深く観察する経験を積む必要がある。そして被面接者の心的状態の理解のために，面接者自身も催眠状態を何度も体験することが大切である。面接者も被面接者と同じ心的空間に入り，同様の意識状態に変化する，つまり催眠状態に入ることにより，このような微細な変化を観察することができるようになる。被面接者と同じ心的空間に入り，被面接者の心的流れにある時はついていき，ある時は先に誘導することが催眠面接においては重要であり，まさに「観察しながら関与する」ことが求められる。

■引用文献■

門前　進　1993　入門自己催眠法　誠信書房　p.58.
成瀬悟策　1968　催眠面接法　誠信書房

（宮下敏恵）

第2部 調査的面接法の理論と技法

第2部ではさまざまな領域で用いられている調査的面接法を知るとともに，9章から14章までの実習を通してそれらの技法を習得することを目指す。実習を通して調査的面接法の多様さと，他の研究法とは異なるその可能性を感じてほしい。15章では実際の研究で，また社会の第一線で，面接法がどのように使われているかを理解できるだろう。

8章 調査的面接法の概観

1 調査的面接法とは

調査的面接法　面接とは，人が直接に顔（面）を接しあいながら互いの理解を図ろうとすることをいう〔interview という英語も相互に（inter）見る（view）という語から構成されている〕。本章以降の第2部で取り上げる調査的面接法とは，研究仮説の検証あるいは仮説の生成を目的とし，調査者が与える質問への応答を通して，被調査者の意見や思考に関する質的データ，量的データを得ようとする研究方法である。調査者の問題意識のもとでデータ収集が行なわれる実験法や，検査法，質問紙法，観察法とその目的は同じである。

一方で，これらの心理学研究法と異なる点は，調査者が，直接に被調査者と言語を中心とした相互作用をすることにある。話し方や表情・動作など，直接接することによって初めて得られる多様な情報をもとに，質問紙法などではとらえられない深い人間理解ができる。また観察法などでは知り得ない，被調査者の心内過程を直接明らかにできる。さらに実験法や検査法では許されない手続きの柔軟さがあり，被調査者にとって自然で制約が少ないという特徴をもつ。

調査的面接法の歴史と領域　調査的面接法のルーツをどこに求めるかはむずかしいところであるが，対面しながらの問いと答えを通して人を理解する方法としての面接（インタビュー）の始まりは，ジャーナリズムの領域に求められよう。ジャーナリズムにおけるインタビューとは，「報道機関の代表と，彼が公表を目的として個人的発言を引き出そうとする人物との，公式会談を目的とする1対1の会見」であり，インタビューという行為は「公表のために個人的発言を引き出す技術」である。このようなインタビューの発明者はニューヨーク・トリビューンの編集長ホラス・グリーリであり，彼が1859年8月に発表したモルモン教の指導者ブリガム・ヤングに行なったインタビューが最初

とされる（Silvester, 1993）。インタビューは現在では最も一般的な人物理解・人物紹介の手法として，新聞，テレビなどで用いられている（Silvester, 1993；立花，1998）。エバンス（Evans, 1976）の対話シリーズは，著名な心理学者のライフコースや研究の発展過程を知るうえで貴重な資料となっている。

心理学領域における，調査的面接法の始まりについては定かではないが，河合（1975）はカーンとカネル（Kahn & Cannell, 1968）にもとづきブースら（Booth et al., 1902-3）による1889年から91年に行なわれた貧困に関する調査をあげている。こうした社会調査・世論調査における面接調査は，かつては調査的面接の中心であり，現在でも盛んに行なわれている。対面しながらの調査により，質問への誤解を減らしたり，不明瞭な回答への追求の質問ができ，またたとえば質問紙上では無回答となってしまう場合でも，回答不能なのか，回答したくないのかの区別ができる。さらに，質問紙調査にくらべ回収率も高められる。一方，被面接者のもとに出向く労力，被面接者の直接面接への物理的・心理的負担などの課題も多く，最近では電話を通した面接調査も盛んに行なわれている。

発達心理学では，文字の読み書きが十分でない幼児や低学年児童を対象にした認知発達研究において，調査的面接法は最も一般的な手法であるが（10章，15章参照），そのルーツはピアジェ（Piaget, J）の臨床的面接法（Clinical Interview）に求められる。彼は標準化された心理検査（彼は「テスト法」とよぶ）を，「テスト法が要求するような決まった条件のもとではただ大筋な結果が得られるのみで，……前後の関係が欠けているから，理論としてはほとんど用をなさない」と批判した。また子どもの日常の言動の観察（彼は「純粋観察法」とよぶ）についても，日常の行動や会話に子どもの思考が自発的に表われることは少なく，観察のみで思考の研究を行なうのはむずかしいと批判し，これらに代わる第3の方法として臨床的面接法（彼は「臨床法」とよぶ）を提唱した（Piaget, 1926）。

臨床法は「子どもの自然な精神的傾向を描き出す（子どもは世界をどう見ているのか，どのように考えるのか，どのように問題を解くのか）」手法である（Piaget, 1926）。具体的には，子どもの思考を大人とは異なったものと見て，大人の発想からではなく，子どもの思考にあわせた質問をする。そのために子

ども自身の世界の見方が反映される開かれた質問（1章参照）を行ない，子どもの初めの反応をそのまま正しいものと受けとめ次の質問をしていく。また，子どもの思考過程を明らかにするために，面接者は面接過程を単に観察するのではなく，相互作用の過程で子どもの思考過程についての仮説を発展させ，それらを簡単な質問や実験で検証する。さらに，回答は子どもの他の回答や動機，信念に照らしながら解釈していく。臨床的面接法は，実験的な厳密性に欠けると批判されてきたが，子どもの思考の質的調査法として，改めて注目されている（Ginsberg, 1997）。

1960年代から次第に生涯発達という視点がもたれるようになった。生涯発達はそのおかれた時代や環境と切り放して考えることはできない。特定の時代的・環境的背景をもつ人に，面接による聞き取り調査を行ないその生涯発達の過程を時代的背景と共に明らかにしようとするものが，ライフコース研究である（Elder, 1998）（9章参照）。エルダー（Elder, 1974）の大恐慌を体験した人たちへの面接による追跡研究はそのひとつである。

文化心理学においては，人類学・社会学で1920～30年代にはじめられたフィールドワークによるエスノグラフィック研究が復興している（南，1997；箕浦，1999；佐藤，1992）。フィールドワークでは，参加観察者として異文化における体験をし，その社会特有の行動や儀式の意味の解読を行なう。その過程で，その文化の人たちへの面接は貴重な情報をもたらしてくれる。このうち，各文化における個人の生活史を面接により聞き取り構成したものはライフヒストリー研究とよばれるが，実質的に上述のライフコース研究と共通する。

マーケティングの領域では，消費者の無意識のニード探索の方法として深層面接法（depth interview）や集団面接法（グループインタビュー：group interview）が1940年代に開発された。人はどのような消費行動をしているのか，どのような商品ニーズがあるのか，また改善点はどこかなどを，前者では個別に聞き取り（横田，1977），後者では集団で話し合ってもらう（Merton & Kendall, 1946）。とくに集団面接法（グループ・インタビュー）は集団の中の一員として安心して参加できる，他者の意見によって思考が引き出されるという相互作用効果が生まれる，集団の中での発話は自発的なものなので純粋な意見が反映されるといったメリットがある（Vaughn, et al, 1996）（12，13章参照）。

1 調査的面接法とは

　認知心理学は1960年代から始まった比較的新しい研究領域である。その発展は，行動主義が盛んな時代には主観的で不安定なデータ収集法とみなされてきた調査的面接法に対する近年の再評価の一因となったといえる。認知心理学では，人間の思考過程や仮説・検証過程を明らかにするための面接法として，内省法と発話プロトコル法（あるいはプロトコル分析 protocol analysis）が用いられる。前者は，認知的な課題を行なった被験者に，その過程を VTR 等で見せながら「このときに○○したのはなぜですか？」といった質問をし，被験者に自己の課題解決思考を思い出させる（内省を求める）ものである。課題遂行後に面接を行なうため，誤解や合理化などが回答に生じる可能性もある。一方後者は，課題解決の最中に，頭の中で生じるさまざまな思考をそのつど外言化（think aloud）していき，その発話記録（プロトコル）を分析するものである。分析の過程で面接者は質問により思考過程の補足情報を得ていく。発話は実際の思考を反映するものか，また発話することで思考過程が影響を受けるのではないかという批判もあるが，人の実際の思考過程を直接とらえようとする方法として重要な位置を占めている（Ericsson & Simon, 1993；海保・原田，1993）（11章参照）。これらの技法は，製品の使いやすさなどヒューマンインターフェース開発において応用されている（15章参照）。また人の記憶メカニズムをふまえた目撃証言を引き出す技法として認知面接（cognitive interview）の技法が発展しつつある（15章参照）。

　また人格や自我発達などの個人差査定の領域でも面接は用いられる。よく知られているマーシャの自我同一性地位の評定（Marcia, 1966）は，あらかじめ設定された質問項目をもとに，面接の文脈に応じて柔軟な質問を行なうという半構造化面接を通して個々人の自我同一性地位を明らかにしようとする調査的面接法である（4章参照）。また，質問紙による検査や調査作成の過程で，適切な項目を予備的な面接により得ることもよく行なわれている（13章参照）。90年代に入り，質的研究が重視されてきているが，それにともない質的研究法としての面接法への関心も高まっている（Atkinson, 1998；Kvale, 1996；Holstein & Gubrium, 1995；Rubin & Rubin, 1995；Seidman, 1998）。

② 調査的面接法の過程

【調査的面接法の適応の適否の検討】

　はじめに，面接法がこれから調べようとすることに最適な方法であるかどうかを判断する。面接法は言語的報告のむずかしい乳児や年少幼児にはむずかしいし，たとえ成人であっても言語化のむずかしいことがらの検討には使えない。また質問紙法による調査が可能な内容であれば労力からみてそれを使うのがよい。

【面接の設計と準備】

　仮説生成研究の場合　研究によっては，仮説や切り口をもてない場合もある。たとえば，ある流行現象の流行の理由の心理的背景を知りたいのだが，どのような仮説をもって取り組めばよいのかわからない場合である。このようなときには，あまり構造化されない形式の面接やグループインタビューをさまざまな世代の人に行なうと仮説生成のヒントを得ることができる。

　仮説検証研究の場合　仮説を設定した研究の場合，仮説を明らかにするための質問文の作成と設計を行なう。質問は比較的答えやすい氏名や所属，居住地などからはじめ，次第に深い内容へと組んでいく。また，必要なデータを得ることと被面接者の負担の双方を考え，質問量を考える。成人の場合は1〜1.5時間くらいの量が適切である。ライフコースの聞き取りなどでは，面接を何回か重ねる場合もある。研究の目的に応じた質問法（「はい・いいえ」での回答を求める質問か，オープンエンドな質問かなど），質問表現や構成を決める。これについては質問紙法における質問項目の構成が参考になる（宮下，1998）。

　面接の準備と面接者としての訓練　質問項目が構成できたらそれを印刷した記録用紙を作成する。記録用紙の最後に，被面接者の協力度，積極性など，また面接者自身の面接の適切性などについて，5段階程度の評定項目を作り，面接終了後に評定しておくと，データの信頼性の評価などデータ分析の参考となる。また同様に被面接者や面接全体についての印象を記入する欄を作っておくのもよい。テープレコーダーなどの機材を準備する。記録用紙の不足，テープレコーダーの故障や操作の不慣れによる失敗，テープやバッテリーの不足な

② 調査的面接法の過程

どがないようにする。またライフコース研究では，その個人の生きてきた時代背景を理解するうえでの年表や写真，地図などを準備しておく。著名人や専門家へのインタビューの場合は，その著作に目を通したり，専門領域の概観を知っておく等の事前準備はインタビューをスムーズにする。

ロールプレイ（3章参照）などにより，面接の訓練を行ない，しゃべり過ぎになりがちではないか，誘導的な質問をしがちではないかについてチェックする。またこの段階で，質問の表現，順序や量などについて検討を加えておく。

幼児を対象とする場合は，何日か幼稚園に通い子どもと遊ぶなどして，事前に面識を得ておくことが後述のラポール形成にとって重要である（10章参照）。

協力者の依頼　研究の目的に適切な対象者を選出し，依頼を行なう。依頼に関しては，研究の目的と被面接者としての抽出の理由と方法を示したうえで，面接日時の調整を行なう。録音・録画など面接記録の取り方の許可，記録の管理や公表のしかたなどについてもこの段階で明らかにしておくのがよい。依頼時の印象は実際の面接に大きく影響するので，誠実な依頼が重要である。

面接の実施

面接の場　約束の時間をまちがえたり，遅刻することのないように十分注意する。面接は面接室や被面接者の自宅などさまざまな場で行なわれるが，いずれも静かで第三者の出入りすることのない場所で行なうことが望ましい。

挨拶と自己紹介　面接の成否は第一印象で決まるといわれる。被面接者にきちんと挨拶し，自己紹介を行なうとともに，面接に応じてもらえたことへの感謝の気持ちを表わすことがまず重要である。

ラポール形成　見知らぬ相手に対し，自分の内面を表出するという意味で，調査的面接法は被面接者にとって精神的に負担の大きな事態である。したがって，面接者への信頼感や，面接事態への安心感を早期に形成してもらうことはきわめて重要である。そのために，被面接者との暖かい親和的で信頼のおける関係，すなわちラポール（rapport）形成が大きな課題である。ラポールが形成されると，過度の警戒心や自己防衛の意識は低くなり，信頼性の高いデータを得ることができる。ラポール形成のためには，はじめに簡単な日常的会話をかわし，被面接者の発話に誠実に関心を示し受容的・共感的に対応する事が大

切となる。これによって，自分の発言はこの場で誠実に温かく，共感をもって受け入れられるのだという意識をもってもらうことができる。

　面接条件の確認　具体的な面接に入る前に，依頼時に述べた研究の目的，被面接者としての抽出の理由と方法，録音の許可，記録の管理や結果の公表のしかたについてあらためて伝える。そして，面接への参加は自由であり，記録の拒否や，面接途中であっても中止の申し出が可能であることを伝えておく。

　記録の取り方　面接の記録を可能なかぎり客観的なものとするために，被面接者の許可を得たうえで録音（録画が可能であれば，表情や動作も貴重なデータとなる）をとりたい。録音記録の管理や公表のルールを明示しておくと，信頼してもらえ，録音に応じてもらいやすい。被面接者に抵抗がある内容については一時的に録音を停めてもよい。テープレコーダーははじめ被面接者に必ず明示するが，面接に入る前に音声が記録できるが目立たない場所におく。テープレコーダーは面接に入る前に必ず作動を確認し，万一に備えて代わりのレコーダーを必ず準備しておく。また，面接開始時に必ず日時，被面接者，面接場所，面接者名，テープ番号などを吹き込む。面接中にテープを変えた場合でも必ず初めにこうした情報を入れておく。被面接者の許可を得ずに録音・録画してはならない。録音の了承が得られない場合は，発話を筆記記録する。その場合は被面接者のことばづかいなどを可能なかぎりそのまま記録していく。筆記に時間がかかるので，応答の自然な流れが妨げられないよう，努力が必要となる。

　面接時の工夫　リラックスした雰囲気で被面接者が自己を表現できるよう，受容的な態度に心がけ，集中して聞き続ける。こうした態度は相談的な面接において求められるものと基本的に共通する。

　「はい」「いいえ」で答えられる質問には必要に応じて「それはなぜですか？」「それはどうして？」といった質問を加えるとよい。また，自由な回答を求める場合は開かれた質問を行ない，必要に応じて詳細な質問をしていく。質問―回答の文脈を意識しながら，よい質問をよいタイミングに出していく。文脈を外した質問をすると，そこで終わってしまうことがある。また，準備した質問にこだわりすぎると面接は表面的になってしまうので，流れを追いながらの柔軟な質問が重要である。話が横道にそれたら，優しく元に戻す。回答を

渋ったり，婉曲に話題を避けたり，感情を露にする場合は無理強いせず，解釈する際にその意味を考える。沈黙は熟慮や省察の時間であり，待つ姿勢が重要である。

面接の終了　面接の終了にあたっては，それが価値があるものであったことを伝え，十分な感謝を伝える。場合によっては簡単なお礼を渡す。出向いてもらった場合は少なくとも交通費は負担すべきである。またデータ報告の約束もここで行なう。面接全体の印象を印象が薄れないうちに記録用紙の評定欄と記述欄に書き込んでおく。

結果の処理

結果の整理　得られた言語データは単純な「はい」「いいえ」といった回答の場合を除いて，基本的に文字に書き起こさねばならない。このテープ起こしはプライバシー保護のため，基本的に面接者自身が行ない，研究と無関係の第三者が録音内容を知ることがないように注意する。書き起こした転記記録をトランスクリプト（transcript）とよぶ。

仮説生成研究の場合や発話カテゴリーを予備的に作成する場合，発話内容の類似性や相互関係などをKJ法（川喜田，1967）により分類・整理して構造化していくとよい。仮説検証研究でも仮説を検証するための発話カテゴリーが定まってない場合は，仮説をもとに，何人かの回答を参考にしながら予備的にカテゴリーを作り，試みに分類し，修正を加えながら決定していく（岡田，1997）。

社会調査研究の場合は各選択肢ごとの回答数を集計していく。自由な意見を求める項目の場合は，その意見をいくつかのカテゴリーに分類し，そのカテゴリーごとに集計していく。認知研究や認知発達研究の場合は設定した質問への回答を事前に定めておいた回答カテゴリーに応じて分類し条件や被験者の特性（年齢など）に応じて量的，質的に比較していく。ライフコースなどの質的な事例研究の場合，重要と思われる発話を取り上げ，直接的に引用していくことで被面接者の人間的特徴やその対人的，社会的特徴をその背景情報と関連づけながら描写することになる。

データの信頼性　量的分析では，発話データのカテゴリーへの分類の正確さが，結果の信頼性を保証するうえで大切である。そのためにもトランスクリ

プトが適切に作られていることが最も重要である。そして分類にあたっては，各カテゴリーの定義と発話例を示した分類表を作成し，それをもとに独立した評定者が全体データの少なくとも20%位をそれぞれ分類し，その一致度をカッパー係数などにより検討することが必要である（カッパー係数算出の手続きについては中澤（1997）参照）。

質的分析では，発話内容に信頼がおけるかどうかを確認することは容易ではない。面接の中で，同じ質問をくり返しても同じ回答が返ってくるか，逆の示唆をしても反応は変わらないかといった検討をしてみることも一つの方法である。ここでは，ブンゲ（Bunge, 1961）の科学理論の真実らしさの判断基準を援用したマックラッケン（McCracken, 1988）による発話データの真実らしさの評価の基準を示しておこう。

・不必要な曖昧さがない。
・経済的である（最少の仮定でデータが説明できる）。
・相互一貫性がある（他の発話内容と矛盾がない）。
・外的一貫性がある（われわれが知っていることと発話内容が一致している）。
・統一性がある（発話内容の中にある一般と特殊のような概念的上下関係が構造的に一貫して統一がとれている）。
・説明力がある（多くのデータを犠牲にすることなく正確に説明できる）。
・生産性がある（新しいアイデアや洞察への示唆を与えるものである）。

③ 調査的面接法の有効性と限界

有効性 ①仮説生成的研究・仮説検証的研究の双方に利用できる。

仮説をもてない場合，面接をもとに仮説を立てることができる。一方すでに仮説が立っている場合には，検証のために構成した質問項目により仮説の正否を確かめることができる。

②被験者の理解や文脈に応じた柔軟な対応ができる。

被面接者と直接対話しながら進められることにより，教示を誤解した場合や理解できなかった場合に適宜言い換えたりしてある程度柔軟に対応することが

可能である。また面接の中で生じた面接者のもった疑問や仮説についても質問を入れることで，解決できることも多い。ただし，この柔軟性も過度になると，一定のデータが得られなかったり，データの信頼性がゆらぐことになる。
③被験者の内面を豊かな形でとらえることができる。

　ことばづかい，話し方，息づかいそのすべてがその人独自の心理的世界の表現となる。その発話内容は被験者の主観的な色づけや歪曲を避けることはできないが，その人が意識できている自己，また他者に表現したいと思っている自己像が反映されているとみることができる。

限界

①言語に依存するため，領域や対象が限られる。

　生理的な側面や，きわめて短時間に行なわれる情報処理など，意識化や言語化のできない認知的側面については扱えない。また，当然であるが，対象は言語的な報告が可能な幼児以上に限られる。
②言語報告には客観的な保証がない。

　人は必ずしも常に自分の行動を意識下においてはいないので，行動の説明を求められるとそれらしく構成してしまったり，誤った思いこみをしていたり，誘導的な質問に答えて自分でもそう思いこんだりすることがある。質問を，ある程度人が意識的に行なっている行動の背後にある思考や意見に焦点をおくこと，誘導的質問を行なわないこと，表現に困っていたときに「○○ですか？」といった誘導的質問を行なう場合は，あくまでも補足として，生の質問への反応とは区別して解釈する。

　人には，自分を望ましく表わしたいという自己防衛がはたらくため，たて前で応えたり，社会的に望ましい反応をする傾向があり，それもまた言語報告への信頼性を低める。過剰な自己防衛を回避するためにも，面接の主旨を十分に説明し納得と同意のうえで参加してもらい，面接に入る前に適切なラポールを十分形成し，信頼される関係を結んでおくことが重要となる。
③面接者の意識や態度，質問形式が回答内容を方向づける危険性がある。

　面接者が何らかの偏見や思いこみをもっている場合，質問の態度が不適切であったり，誘導的となったりする可能性がある。また，回答を自分の枠組みにしたがってとらえてしまう可能性がある。このような危険性は心理学の研究で

は多かれ少なかれ避けがたいところではあるが，1対1の相互作用がなされる面接法では，その危険性が最も大きい。面接者は面接の態度や質問のしかたについて十分に訓練をしておかねばならない。仮説検証的研究の場合，仮説を知らない者が面接をすることも考えてよい。

④面接の設定やデータ分析に煩雑さがある。

　面接の依頼や場の設定，被面接者の物理的・心理的負担という点で労力を要する。また多数のデータを取るには時間を要する。さらに，発話のトランスクリプトづくりも調査的面接法の大きな難点であるが，近年コンピュータの活用でしだいに容易になってきている（吉村，1998）。

④　調査的面接法の倫理

　面接にあたって，被面接者を常に第一に考え，心理的に傷つけるような質問を行なわないこと，被面接者のプライバシーが保護されることが最も重要である。また，図8-1に示す米国で用いられている面接研究への参加承諾書にみられるように，主体的な参加，記録とデータの公表の条件を明示しておく。被面接者には面接参加を主体的に決定できること，またいったん開始された面接でも途中で中止にする権利があることを伝える。1対1で行なわれる面接のなかでは，時に被面接者にとって話すのが苦痛であったり回避したいことがらやプライバシーにかかわることがらがたずねられることがあるかもしれない。このような場合，被面接者は回答を拒否したり，録音の停止を求めることができることも伝える。録音・録画については事前に被面接者の了解を得る。記録をだれが見るか（たとえば研究グループのメンバーに限る），またテープや転記記録はだれが責任をもって管理するのかを伝えなければならない。さらに結果の公表の際には，匿名が保証されねばならない。またテープ起こしは面接者自身が行なうことが原則である。

4 調査的面接法の倫理

参加承諾書

（面接を始める前に面接者によって読まれること。この用紙のコピー1部を被面接者の手元に残し，被面接者のサインのされたもう一部を面接者が保管しなければならない。）

　今日は。私の名前は＿＿＿＿＿です。私は以下の研究プロジェクト

_____
の研究員です。

　このプロジェクトは＿＿＿＿＿大学の＿＿＿＿＿学部によって行なわれています。
　私（＿＿＿教授）は，このプロジェクトの代表者で，私（彼／彼女）の電話番号は
＿＿＿＿＿＿＿＿＿＿＿ですので，何かご質問がおありの時はお電話下さい。

　研究プロジェクトに喜んでご協力いただきありがとうございます。あなたの御参加に感謝いたしております。面接を始める前に，このプロジェクトへの参加に際してあなたがいくつかの明確な権利をもっておられることを再確認しておきたいと存じます。
　第一に，この面接へのあなたの参加はまったく自発的なものです。
　あなたは，いつでもどの質問にも，答えることを拒否する自由があります。
　この面接は厳密に保管され，研究チームのメンバーだけしか利用することはありません。
　この面接は最終報告書に引用されますが，この報告書にあなたの名前や個人的な特徴を明らかにできるようなものが含まれることはありません。
　私がこの内容をあなたに読んだことを示すために，この用紙にサインをいただけると幸いです。

＿＿＿＿＿＿＿＿＿＿＿＿＿＿＿＿＿サイン

＿＿＿＿＿＿＿＿＿＿＿＿＿＿＿＿＿楷書体

＿＿＿＿＿＿＿＿＿＿＿＿＿＿＿＿＿日付

　私にこの研究プロジェクトの報告書をお送り下さい。（○をつけて下さい）

　　　　　　　　　はい　　いいえ

研究報告の送付先住所

＿＿＿＿＿＿＿＿＿＿＿＿＿＿＿＿

＿＿＿＿＿＿＿＿＿＿＿＿＿＿＿＿

＿＿＿＿＿＿＿＿＿＿＿＿＿＿＿＿

（面接者はサインの入った方を保管し，サインのない方を被面接者に渡すこと）

●図8-1　面接研究への参加承諾書の例（McCracken, 1988）

引用文献

Atkinson, R. 1998 *The life story interview. Qualitative Research Methods Series Vol. 44.* Thousand Oaks, CA: SAGE.

Booth, C. assisted by Argyle, J. 1902-3 *Life and labour of the people in London, 17 vols.* Macmillan.

第2部 調査的面接法の理論と技法

8章 調査的面接法の概観

Bunge, M. 1961 The weight of simplicity in the construction and assaying of scientific theories. *Philosophy of Science,* **28**, 120-149.

Elder, G. H. Jr. 1974 *Children of the great depression : Social change in life experience.* The University of Chicago. 本田時雄・他（訳）1986 大恐慌の子どもたち ―社会変動と人間発達― 明石書店

Elder, G. H. Jr. 1998 The life course and human development. In W. Damon & R. M. Lerner (Eds.) *Handbook of Child Psychology 5ed.* Vol **1**. Pp. 939-991.

Ericsson, K. A., & Simon, H. A. 1993 *Protocol analysis : Verbal report as data.* Cambridge, MA : MIT Press.

Evans, R. I. 1976 *The making of psychology : Discussions with creative contributors.* Alfred A. Knopf. 宇津木 充（訳）1983 現代心理学入門上・下 講談社

Ginsberg, H. P. 1997 *Entering the child's mind : The clinical interview in psychological research and practice.* Cambridge, UK : Cambridge University Press.

Holstein, J. A. & Gubrium, J. F. 1995 *The active interview. Qualitative Research Methods Series Vol.* **37**. Thousand Oaks, CA : SAGE.

Kahn, R. L. & Cannell, F. 1968 Interviewing. In *International encyclopedia of the social sicence, Vol.* **8**. Macmillan & Free Press.

海保博之・原田悦子 1993 プロトコル分析入門：発話データから何を読むか 新曜社

河合隼雄 1975 面接法の意義 続 有恒・村上英治（編）心理学研究法11 面接 東京大学出版会 Pp. 1-20.

川喜田二郎 1967 発想法 中公新書

Kvale, S. 1996 *InterViews : A introduction to qualitative research interviewing.* Thousand Oaks, CA : SAGE.

Marcia, J. E. 1966 Development and validation of ego-identity status. *Journal of Personality and Social Psychology,* **3**, 551-558.

McCracken, G. 1988 *The long interview. Qualitative Research Methods Series* Vol. **13**. Newbury Park, CA:SAGE.

Merton, R. K. & Kendall, P. L. 1946 The focused interview. *American Journal of Sociology,* **51**, 541-557.

南 博文 1997 参加観察法とエスノメソドロジーの理論と技法 中澤 潤・大野木裕明・南 博文（編）心理学マニュアル観察法 北大路書房 Pp. 36-45.

箕浦康子 1999 フィールドワークの技法と実際 ミネルヴァ書房

宮下一博 1998 質問紙作成の基礎 鎌原雅彦・宮下一博・大野木裕明・中澤 潤 心理学マニュアル 質問紙法 北大路書房 Pp. 10-21.

中澤 潤 1997 時間見本法の理論と技法 中澤 潤・大野木裕明・南 博文（編）心理学マニュアル 観察法 北大路書房 Pp. 14-23.

岡田 猛 1997 発話の分析 中澤 潤・大野木裕明・南 博文（編）心理学マニュアル 観察法 北大路書房 Pp. 122-133.

Piaget, J. 1926 *La representation du monde chez l'enfant.* 大伴 茂（訳）1955 臨床児童心理学II 児童の世界観 同文書院

Rubin, H. J. & Rubin, I. S. 1995 *Qualitative interviewing : The art of hearing data.* Thousand Oaks, CA : SAGE.

佐藤郁哉 1992 フィールドワーク―書を持って街へ出よう― 新曜社

Seidman, I. 1998 *Interviewing as qualitative research.* New York : Theachers College Press.

Silvester, C. 1993 *The Penguin Book of Interviews.* Penguin 新庄哲夫・他（訳）1998 インタビューズⅠ・Ⅱ 文藝春秋社

立花 隆＋東京大学教養学部立花 隆ゼミ 1998 二十歳の頃 新潮社

Vaughn, S., Schumm, J. S. & Sinagub, J. M. 1996 *Focus group interviews in education and psychology.* Sage. 井下 理（監訳）1999 グループ・インタビューの技法 慶応大学出版会

横田澄司 1977 増補新版 深層面接調査法 新評論

吉村浩一 1998 心のことば：心理学の言語・会話データ 培風館

コラム⑪ ノートを閉じるところから始まるインタビュー

新聞記者とは，人に会うことが"商売"である。人に会い，話を聞くことが仕事である。話を聞いて，その中から，いかに本音，あるいは面白い部分を引き出すことができるかが，書く記事の成否を握る。

話を聞く相手は千差万別，新聞記者に話をすることなど一生に一度，という人も少なくない一方で，新聞記者の取材に慣れていて，会うことは会うが，本音ではうんざりしているという人もいる。

だから，共通した特別なインタビューのテクニックなどない。相手に気持ちよくしゃべってもらうためにおだて上げる，あるいは本音を引き出すためにわざと怒らせる，という手もないわけではないが，小手先の細工など，相手が一流であればあるほど，長時間の取材であればあるほど通用しない。こちらの人柄とでもいうべきものを相手に対してさらけだすしかない。

しいていえば，あたりまえだが，こちらが緊張しないことだろうか。緊張しないためにも，遅刻は厳禁。こちらが遅刻したという引け目があると，最後まで調子を出すことができずに終わってしまうこともある。逆に相手の少々の遅刻は歓迎できる。こちらのペースをつかみやすいからだ。

インタビューの終わりには，ときに，興味深いことが起きる。とくに取材慣れしていない相手のときに多いのだが，一応，取材が終わり，筆記していたノートを閉じたところから，こちらにとって面白い話が始まることが少なくない。「そういえば……」とか，「まあ，余計なことなんだけれど」といって話し始める人もいるし，その日のテーマとはまったく関係ない雑談を始め，こちらもつられてしゃべっているうちに，本題について興味深い話が出てくることがある。そこで，こちらは相手の許可を得て，再度ノートを広げることになる。

ただ，相手に時間がない場合など，この手は通用しない。ノートを閉じるとともに席を立たれてしまってはお手上げだ。だから，取材はなるべく相手に時間の余裕があるときを選ぶし，同じ相手に二度，会うことができれば理想的だ。最初はほんの顔合わせ程度でも，二度目に会ったときは双方に余裕が生まれる。

もっとも，新聞記者にとって，この「人」に会うまでが大変なことが多い。そもそも，だれに会えばいいかがわからないときも少なくないし，事件の当事者や関係者など会うのを避ける人がほとんどだ。俗に，「夜うち朝駆け」といわれるのも，この人に会うための苦労である。

（稲田博一）

9章 調査的面接法の実習：ライフコース

1 演習課題「親の20年」

　人間はどこからきて，どこへ行くのかということは多くの人が興味をもつところである。この演習では，親を相手にその生い立ちをインタビューしてみよう。

　人の生い立ちは心理学や社会学では，ライフコースの研究としてまとめられている。ライフコースとは，年齢別に分化した役割とできごとを経つつ個人がたどる生涯の道のことである。

　ライフコースに焦点を当てた面接調査としては，純粋の社会調査のほかに作家や新聞記者などの取材活動がある。最近では，有名，無名を問わず，特定のテーマについて面接（インタビュー）を行ない，その記録を公刊する事例も多い。

　この演習課題では，作家や新聞記者になったつもりで，自分よりも年齢の高い人に対して非構造的な面接を行なってみよう。具体的には，身近な人物である親に20歳ころまでの生い立ちについて語ってもらう。こうした経験を通して，自分の生き方を考えることもできる。

　面接法によるライフコース研究の特徴は，被面接者自身を語らせるところにある。そしてその記録に基づいてライフコースを類型化し，個人の成長過程を人間関係，社会歴史的文脈の中で再構成することになる（谷，1996）。とくに，社会の変動や地域特性は重要な要因である。これはエルダーら（Elder et al., 1993）がいう「人間の発達における時間と空間」にほかならない。しかし面接者が青年の場合には，この時間と空間について十分に把握したうえで面接に臨むことはかなりむずかしい。そこでこの演習課題では，被面接者の生活時間にかかわる年表を作成したうえで，面接に入ることにする。

　演習課題　大学生が自分の親あるいはその人と同じ世代の人に面接して，今後の生き方の参考にする。

① 演習課題「親の20年」

手続き　演習に直接関係する課題は2つである。

第一は，実際に親にインタビューをした結果をまとめる課題である。

第二は，親の誕生から20歳までの時間的経過をふりかえることができるような略年表を作成する課題である。実際に課題を行なう場合にはインタビューする前に略年表を作っておくことが必要である。

これらの課題を深く追究するために，余裕があれば，面接者も自分の生い立ちの記を書いたり略年表を作って，それらの資料を総合的に検討して面接者の生き方の参考にすることも意義のあることであろう。

実際の面接に当たっては，表9-1に示すような事項に留意する。

なお，略年表の枠組みは表9-2に示した。

●表9-1　面接課題における留意事項

1) 人格形成の過程を段階的にたどるように時間の流れに沿って面接する。
2) その際に，被面接者自身の存在，成長にとって意味があったと思われる人物について複数取り上げてたずねる。そして，被面接者とどのような関わりがあったか，どういう点で意味があったと思うかを必ずたずねておく。
3) 被面接者の一番古い記憶，最初の記憶をたずねる。それは何歳のときで，どのようなイメージか，など。
4) 3)と重複してもかまわないが，幼少時（物心ついてから9歳頃まで）の体験に結びついた，今も忘れがたい風景，または情景があれば答えてもらう。またそれを思い浮かべたときの気持ちなども答えてもらうとよい。
5) 幼少時からの転居，転校，進学など大きな環境の変化があれば，それがいつのことで，どのくらいの期間起こり，また，その結果が，どのように今の自分に影響しているかを答えてもらう。

●表9-2　略年表

年齢	昭和	西暦	世の中の動き	被面接者の身辺でのできごと
0	14	1939	7月　アメリカ日米通商条約廃棄通告 9月　第二次世界大戦起こる 　　　日本，ヨーロッパ戦争に不介入声明	12月12日両親，祖父母，姉2人の中へ双生児の姉として誕生

結果の整理　この課題では，学生自身が面接をした1事例についての考察に終わることになるかもしれない。また，課題の主眼点が，親への面接をまとめることにあるために多くの事例を比較分析するまでにいたらないことが多い。この点で，学生に課したレポートはレポート集としての水準にとどまる恐れ

がある。レポート集の例として，鳥山（1991，1994）の2冊を上げておく。

② 研究事例から

これまでの研究資料のうち，面接の視点や結果の整理方法を学ぶうえで参考になるのは，ライフコースを明らかにすることを目的として行なわれた教師のライフコースに関する研究（稲垣ら，1988）ならびに受験体制と教師のライフコースについての研究（塚田，1998）である。

稲垣ら（1988）は，1931（昭和6）年に長野県師範学校を卒業しておもに長野県で教職につき，第二次世界大戦前から戦時下・戦後におよぶ40年間を教師として生きた同年齢集団（cohort）を対象として，面接と質問紙調査を行なっている。そして彼らのライフコースを明らかにしている。

この研究では，表9-3に示したような，対象コーホートのライフコースの平均的なステップを明らかにしたうえで結果を理解するようにしている。

この研究では，面接調査はほとんどの場合自宅で行なわれ，複数のメンバーで1人の面接に2時間から8時間かけている。記録には当然テープレコーダー

●表9-3 「教師のライフサイクル」研究における面接記録の構成（稲垣ら，1988）

I 被教育体験と進路選択	IV 力量形成における学校の役割
1 生いたち・家族からの影響	V 管理職期の問題
2 小学校時代の体験	VI 二・四事件
3 中学校時代の体験	1 二・四事件で検挙されて
4 進路選択	2 不況の体験とマルキシズム
5 幼児期から師範学校入学までの歩み	3 友人の検挙と事件以後の教師
II 師範学校の生活と教育	4 事件関係者に対する思い
1 師範学校生活全体をふりかえって	5 事件後における学校の変化
2 印象に残る学科・教師	VII 時局の変化と実践
3 教育実習	1 戦時下教育から戦後新教育
4 学校との交流・寮生活	2 戦時下の教育実践
III 教師としての最初の十年間	3 終戦時の思い
1 最初の十年間	4 戦後新教育
2 不況と教育	VIII その他
3 低学年指導	1 教員組合等
4 事件と教育観の変化	2 時代と教育
5 教科教育	3 教師と学問
6 先輩・同僚などからの影響	4 家庭生活
7 その他	5 子どもとの関わり

が用いられたが、のちに、その記録は文章化され、資料として利用されている。

面接記録は、はじめに基礎的な研究資料として表9-3のように分類・整理される。これらの資料に加えて、稲垣らの研究では質問紙調査の結果を用いて、教師のライフコースが分析されている。このうち、教師の力量形成上の契機を明らかにする目的で資料分析した際には、表9-4に示した枠組みを抽出している。

表9-4に示した14の枠組みは、予備調査の13名の面接結果を分析してまとめられたものである。分析の視点としては、教職に就いてからの経歴のなかで、教材観や子ども観、あるいはそれらを含めたトータルな意味での教育観などになんらかの変化や転換（＝「転機」）となったできごとが取り上げられた。

面接資料は、これまでの多くの研究では、質問紙調査の結果を補強する意味で使用されているが、稲垣らの研究のように面接調査を予備調査として行ない、枠組みを整理したうえで、質問紙を作成して調査を実施し、さらにもう一度面接調査を行なって統計的資料の補強を行なう、というのが社会調査の典型的な研究スタイルである。

資料のまとめ方は、研究目的によって異なると思われる。年齢を軸にしてまとめた例を表9-5に示す。

●表9-4　力量形成の契機（稲垣ら、1988）

① 教育実践上の経験（低学年指導、障害児指導、生活指導、僻地学校への赴任、特定の子どもとの出会いなど）
② 自分にとって意味のある学校への赴任
③ 学校内でのすぐれた先輩や指導者との出会い
④ 学校外でのすぐれた人物との出会い
⑤ 学校内での研究活動（読書会、研究会、研修、書物など）
⑥ 学校外での研究活動（内地留学、信濃教育会研究員、各種講習会や教養文化団体への参加など）
⑦ 教育会や組合などの団体内での活動
⑧ 社会的活動（スポーツやセツルメントなど）
⑨ 地域と学校への着目（地域の教育課題発見）
⑩ 教育会の動向（二・四事件、満蒙開拓青少年義勇軍、国民学校、新教育、レッドパージ、勤評、道徳特設など）
⑪ 社会問題や政治情勢など（不況、満州事変、太平洋戦争、敗戦、朝鮮動乱、高度経済成長、公害など）
⑫ 職務上の役割の変化（学年主任、教科主任、教頭、校長、指導主事など）
⑬ 個人および家庭生活における変化（結婚、子女の誕生、病気、宗教など）
⑭ その他

● 表 9-5　50歳代教師のライフヒストリーの『分かれ道』（塚田，1988）

科　目	今井（59歳） 「教育志向管理職」 数　学	大谷（52歳） 「学習志向管理職」 物　理	竹内（55歳） 「教育志向組合教師」 英　語	青木（55歳） 「学習志向専門教師」 英　語
出身家庭	・田舎の旧家	・教師の家庭	・教育界のボス 伝統のある旧家	・「中流以下」の 家庭
教師への動機	・虚弱体質で「田舎教師」めざす	・企業に向かない 「デモシカ」教師	・教師に夢をもって （親は反面教師）	・「デモシカ」教師
大学時代	・教育系大学 ・社研で活動 自治会のリーダー的存在 ・3年から専門の猛勉強	・国立大学 ・「ノンポリ」学生として ・「自由な」学生生活	・受験失敗後教育系大学「不本意入学そして退学」 ・2年後一般大学再受験，入学 ・学生運動参加 アドバイザー的存在	・受験失敗後教育系大学「不本意入学」 ・「ノンポリ」学生として ・英語以外授業出ず
新任時代	・地方の伝統高校 ・先輩教師を論破する「熱血教師」 ・組合のリーダー ・個人的受験指導	・田舎の「底辺校」 ・先輩教師の指導を受け生徒指導中心 ・組合活動の傍観者	・伝統進学校 ・生徒の進学・生活指導中心 ・若い仲間と組合作り ・「愚痴を言う会」	・田舎の高校と地方の総合制高校 ・「英語力の無さ」を実感，英語の勉強 ・組合の学校委員として活動に参加 ・「チョンガー会」
中堅時代	・伝統進学校 ・組合組織への不信感 ・「できる生徒」の受験指導	・伝統進学校 ・組合活動に距離 ・受験指導に専念 学校内での受験体制の確立	・地方の総合制高校 ・組合仲間と共に活動 ・「できない」生徒の進路指導と教育	・地方の総合制高校 ・組合の人間関係に違和感 ・英語の勉強会仲間形成，組合活動からの距離
30歳代半ばの「転機」	・学校運営に興味 ・受験の実績に貢献	・受験で実績を上げる努力 ・年齢相応の生き方	・組合活動の継続	・公費による英国留学（1年間の英語教師のためのプログラム）
中年期 （40歳代）	・有力校長との出会い ・海外研修派遣 学校外活動とネットワーク作り	・有力校長のアドバイスを受ける ・役付きで「新設校」への受験指導の要員	・「困難校」での生徒のための進路指導 ・「中以下の生徒」を対象に	・伝統進学校 ・留学帰国後組合員と「受験のプロ」の共存 ・英語の勉強を楽しむ
40歳代後半	・名古屋市内の教頭 学校運営 ・組合対策学校経営	・定時制高校の教頭と「専門の能力発揮学習」	・少数派の「教育者」「組合員」として	・伝統進学校 ・英国大学院留学 受験指導に距離 「研究」に専念
50歳代 （現在まで）	・地方の伝統高校校長 ・「くずれた生徒」の指導と学校運営	・教頭の責務と自分の興味を中心とした生活	・「仲間を裏切らない」進学高校の中での組合教師として	・大学への転職 英語・教職を担当研究活動
今後の方向	・伝統高校としてバランスのとれた学校運営をめざし，社会の中の学校運営を考える	・自分の専門の勉強 物理の教育 能力開発 「個性化」趣味の世界の充実	・ヒラの教師で組合の仲間とともに「生徒に恥じない教育」をめざして	・英語の教育と教職の教育・研究

③ 発展学習のための参考書

入門：ライフコースと面接法

ライフコースを中心に据えた面接法による研究について学習する前に，面接法そのものについての学習を進めることはいうまでもない。

方法論についての基本文献としては，続・村上（1975）がある。

また，ライフ・ヒストリー研究が生活構造研究と面接調査からなっていることを考えると，ライフ・ヒストリーに関する方法論について実際的な情報を提供している文献にあたっておくことも大切である（谷，1996）。

面接調査を行なううえで考慮すべきことがらとしてとくに強調しておきたいことは，面接調査は面接者（聞き手）と被面接者（話し手）との相互作用の内容次第でさまざまな成果をもたらすということである。しかし，学生をはじめ面接調査に慣れていない人にとって，いきなり中身の濃い相互作用を展開することはむずかしい。そこで参考になるのは，実際の面接記録を読むことである。その記録は，Q&A形式で記録が残されていれば臨場感があって参考になるが，記録者によって要約されたり断片的に引用されるだけであっても，学習材料としての価値は低下するものではない。ここにはそのような記録群のうち比較的入手しやすい文献をあげておく（青井，1988；東，1989；Silvester，1993；立花，1998）。

ライフコース研究

ライフコースそのものに関心のある研究者として，生涯発達心理学の研究者たちに注目してみよう。エリクソンら（Erikson et al., 1986），レビンソン（Levinson, 1978），プラース（Plath, 1980）は，中年期や老年期にある人々に面接して，心理学的過程と社会的過程の相互作用のあり方を明らかにした。面接の結果はかなり要約されているが，彼らは，これまであまり注目されなかった中年期や老年期の内容と意味について新しい方向性を理論的に呈示している。

第2部　調査的面接法の理論と技法

9章　調査的面接法の実習：ライフコース

職業発達研究

　大学生にとって興味ある分野は職業意識の形成であろう。現代社会では日常生活の中で身近に職業生活をみることができない。また働くということの意味が十分理解されないままに，就職活動に入っていく。ライフコースの根幹をなす職業生活について理解させるためにも，職業社会化の過程を面接によって明らかにすることは重要である。これまでに報告されている研究書では，教師を対象としたものが多い（稲垣ら，1988；塚田，1998）。しかし，さまざまな職業を深く理解するために面接記録を読むことは有効である。ここでは，アメリカで行なわれたインタビュー集（Terkel, 1972）を紹介するにとどめる。

引用文献

青井和夫（編）　1988　高学歴女性のライフコース：津田塾大学出身者の世代間比較　勁草書房
東　敏雄（編）　1989　女性の仕事と生活の農村史〈叢書　聞きがたり農村史Ⅱ〉　お茶の水書房
Elder, G. H., Modell, J. & Parke, R. D.　1993　*Children In Time And Place : Developmental and Historical Insights*. Cambridge, England : Cambridge University Press. 本田時雄（監訳）　1997　時間と空間の中の子どもたち：社会変動と発達への学際的アプローチ　金子書房
Erikson, E. H., Erikson, J. M. & Kivnick, H. Q.　1986　*Vital Involvement in Old Age*. New York : W. W. Norton and Co. 朝長正徳・朝長梨枝子（訳）　1990　老年期：生き生きしたかかわりあい　みすず書房
稲垣忠彦・寺崎昌男・松平信久（編）　1988　教師のライフコース：昭和史を教師として生きて　東京大学出版会
Levinson, D. J.　1978　*The Seasons of a man's life*. 南　博（訳）　1992　ライフサイクルの心理学　上・下　講談社
Plath, D. W.　1980　*Long Engagements : Maturity in Modern Japan*. The Leland Stanford Junior University. 井上　俊・杉野目康子（訳）　1985　日本人の生き方　岩波書店
Silvester, C.〈Ed.〉　1993　*Interviews*. Penguin Books. 新庄哲夫・他（訳）　1998　インタヴューズⅠ，Ⅱ　文芸春秋
立花　隆・東京大学教養学部立花隆ゼミ　1998　二十歳のころ：立花ゼミ『調べて書く』共同制作　新潮社
谷　富夫（編）　1996　ライフ・ヒストリーを学ぶ人のために　世界思想社
Terkel, S.　1972　*Working : People Talk About What They Do All Day And How They Feel About What They Do*. 中山　容・他（訳）　1983　仕事！　晶文社
鳥山平三（編）　1991　祖母の伝記：女子大生のインタヴューレポート　ナカニシヤ出版
鳥山平三（編）　1994　祖父母の伝記：大学生のインタヴューレポート　ナカニシヤ出版
塚田　守　1998　受験体制と教師のライフコース　多賀出版
続　有恒・村上英治（編）　1975　面接心理学研究法　11　東京大学出版会

コラム⑫ 沖縄の昔の子育て

　われわれは「両大戦間における都市化と子ども期に関する比較都市史的研究（広島市と那覇市の場合）」という統一テーマで研究を行ない，私は沖縄県の那覇市での70,80代の方の子ども時代についての面接を担当した（鳥光・嘉数 1994）。その時の経験から高齢者を対象に面接を行なう際の注意点を述べる。

　面接前の準備としては記憶を呼び起こすものを準備することに時間をかけた。面接者の力量・技術によって引き出される証言のレベルは異なってくることは，よく知られている。時には，被面接者を怒らせてしまうこともありうる。そのためにも面接技術の訓練は必要である。われわれの場合1時間以上，時には2，3時間もの面接時間となることもあった。長時間の面接となると面接者の人柄も反映されるが，これは短い訓練ではなかなか作れないものである。とくにわれわれの研究の証言者たちは70代以上の大先輩であり，つけ焼き刃の人柄などでは通用しない。そこでラポールをつくるための小道具も大切になってくる。われわれが面接の3種の神器とよんだものは，年表，写真集，当時の地図の3点であった。年表は通常の戦争などの事件だけでなくその地域でのできごと，病気の流行や火災なども県史等で調べ作成する。山根（1989）の『20世紀人生年表＆人生定規』は政治・国際面だけでなく事件・文化や流行歌，社会・風俗まで網羅してあって，われわれの年表作成に役立った。

　面接中の注意点として，面接にはテープレコーダーを利用したが，メモもとっておくことが肝要である。表情や雰囲気などテープの音声が聞き取りにくいこともあるし，テープをとめてから本音で語る重要な証言がはじまることもあった。

　面接後のテープおこしは多大な時間と労力を要するが，記憶が薄れないうちにやってしまいたい。テープおこしが終わっても作業は終了ではない。会話というものは冗長でありそのままでは使えないからである。冗長な部分を抜き，内容とは直接関係のない部分を省いたメモを作成する。この段階がローデータになり，ここまで整理すると時間がたっても後から思い出せる資料となる。これを第一次資料として，研究目的に沿って分析（これは文化人類学でいうフィールドノートにあたる）していく。われわれは分析観点ごとにカード化したが，いまではデータベース化することもできる（佐藤，1992）。

■引用文献■
佐藤郁哉　1992　フィールドワーク　新曜社
鳥光美緒子・嘉数朝子　1994　両大戦間における都市化と子ども期(1)　広島大学幼年教育年報，16，11-20．
山根一眞　1989　情報の仕事術『表現』日本経済新聞社

（嘉数朝子）

10章 調査的面接法の実習：認知発達

① 実習課題「幼児がサンタクロースについてどのように考えているかを調べる」

問題　あなたは，サンタクロースの存在をいつごろまで信じていただろうか。幼稚園のころまで？　小学校低学年のころまで？　「夜中にお父さんがプレゼントを置いているのを見てしまった」，「サンタからきたはずの手紙の字がお母さんの字と同じだった」……などなど，夢がやぶれた瞬間については生々しく記憶している人がいるかもしれない。しかし，いっしょうけんめいサンタのことを信じきっていたあのころ，サンタについてどのような考えをもっていたのかをはっきりと思い出せる人は少ないのではないだろうか。

　そこで，本実習では，現役の幼児が，クリスマスシーズンに現われるサンタクロースについてどのような考えをもっているのかを調べることを目的とする。ただし，サンタの存在を信じている子どもとそうでない子どもがどれくらいいるか，といったような単純なことではなく，幼児はどのようなサンタを，どのような根拠があって信じているのか，または，信じていないのかについて，詳しく調べてみよう。具体的には，幼稚園や保育園などで，クリスマス会が行なわれた後（もちろんクリスマス会にサンタが登場することは前提条件である），クリスマス会に来たサンタについて，ある程度形式をもたせた形で一人ひとりに面接調査（以下インタビュー）を行なうことにする。

　ところで，この実習にはもう一つの目的がある。幼稚園や保育園などにおいて調査や実験などをさせていただく場合，どのような手続きをふめばよいか，また，どのような点に気をつければよいかを学習することである。たとえば，いきなり幼稚園や保育園にたずねていっても，それは社会の迷惑でしかない。いったいどのようにすればよいのだろうか？　また，だれかと1対1でお話をするという機会は多々あるだろうが，大抵の場合その相手は大人であって，幼児と二人きりで向かい合ってお話（しかもインタビュー）をするという，大変

1 実習課題「幼児がサンタクロースについてどのように考えているかを調べる」

な目にあった人はほとんどいないであろう。はたして幼児は自分の質問に耳をかたむけてくれるのだろうか？

手続きと結果処理

1．調査全体の手順

まず，図10-1の，幼稚園や保育園などにおいて調査や実験などをさせていただく場合のおおまかな手順をみていただきたい。まず，なによりも先に，"①調査内容の計画と材料の作成"を行なう。園に，調査依頼のアポイントメントをとる前に，どのような調査をするのか，詳細な計画（子どもにたずねるセリフの一言一句まで）をたてておかなくてはならない。また，材料（調査用紙や，たとえば質問の際に使う絵カードなど）も，作成しておく必要がある。なお，本実習での調査内容と材料などについては，2のところで詳しくふれる。

調査計画と材料ができたら，次はいよいよ"②調査をお願いする園へのアポイントメントと挨拶"である。これについては，澤田（1997）に，依頼状の書き方も含めて，詳しい手続きが書かれているので，ぜひ参照されたい。

園に，調査を行なうことを承諾していただいたら，"④調査の実施"に入る前に，"③子どもに慣れる"ことは非常に重要である。幼児から見ると，われわれは知らないおねえちゃんやおにいちゃんでしかなく，それがいきなり，自分をつれていくのだから，嫌がったり泣き出したりしてもおかしくはない。そこで，少なくとも2日か3日くらいは，園に事前におじゃまさせてもらい，子どもと遊んだり，保育を見学させていただく機会をもち，幼児と顔見知りになっておく必要がある。それと同時に，園の先生方や職員の方に自分の顔と名前を憶えてもらうことも重要である。

"④調査の実施"と"⑤調査結果の処理"については，本実習のやり方を交えて3と4で詳しく述べることにし，いよいよ最後の"⑥園への結果報告とお礼"である。

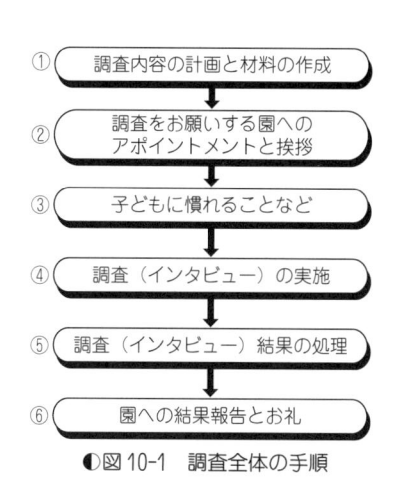

① 調査内容の計画と材料の作成
② 調査をお願いする園へのアポイントメントと挨拶
③ 子どもに慣れることなど
④ 調査（インタビュー）の実施
⑤ 調査（インタビュー）結果の処理
⑥ 園への結果報告とお礼

●図10-1 調査全体の手順

これは絶対に行なわなければならない。これを行なわないのなら，外部機関での調査や実験は行なってはいけない。報告書には，どんな目的で，どんな調査を行なったかについてと，その結果をわかりやすく表記する必要がある。とくに結果については，たとえば平均値などの全体の傾向がわかるようなデータはもちろんだが，子ども一人ひとりのデータを載せることも重要である。

2．調査内容と材料など

　図10-2のような内容の調査を行なうことにする。詳しい教示を含めた内容については，3で説明することにして，ここでは材料について述べておこう。まず，図10-2のような調査用紙を作ろう。ただし，図10-2は，調査内容も兼ねているので，ここまで教示などを詳細に書く必要はないが，ある程度省略した形でも書いておいた方が，質問のし忘れなどのミスが少なくてすむ。調査用紙は，できるなら，一人一枚でおさまるように作成した方がよいだろう。なぜなら，調査用紙をめくる作業は記録の妨げになるし，被験児の集中力を欠くことにもなりかねないからである。まず，調査用紙の1行目には，調査日と，複数の人間で調査を行なう場合には必ず担当者の名前を記入する。2行目以降には，被験児のクラス，性別，名前などを記入するが，誕生日については，被験児にたずねるのではなく，先生方に直接教えてもらう方がよい。被験児の反応を記録する欄は，なるべく質問の流れにそった形で構成した方が無難である。なお，インタビュー全体を録音しておいたほうが望ましいので，できたら，なるべく小型の（子どもにみつからないような）録音機器を用意しておこう。

　次に，クリスマス会のときの写真を用意しよう。もちろんこれはクリスマス会のときに撮っておく必要がある。この写真は，サンタについてのインタビューをはじめる前に，被験児に，"幼稚園でクリスマス会があったこと"，"そのクリスマス会にサンタが来たこと" などを憶えているか確認するために使用する。

　最後に，材料ではないが，園に調査を承諾していただいた時点で，園のどこで調査を実施するかを決めておく必要がある。個別調査であるので，できるだけ他の子どもが自由に出入りしていないような部屋を貸していただければ理想的である。だが，そうでない場合の方が多いので，実際に被験児にインタビューする人の他に，子どもが調査を行なっている場所に近づかないようにする見

① 実習課題「幼児がサンタクロースについてどのように考えているかを調べる」

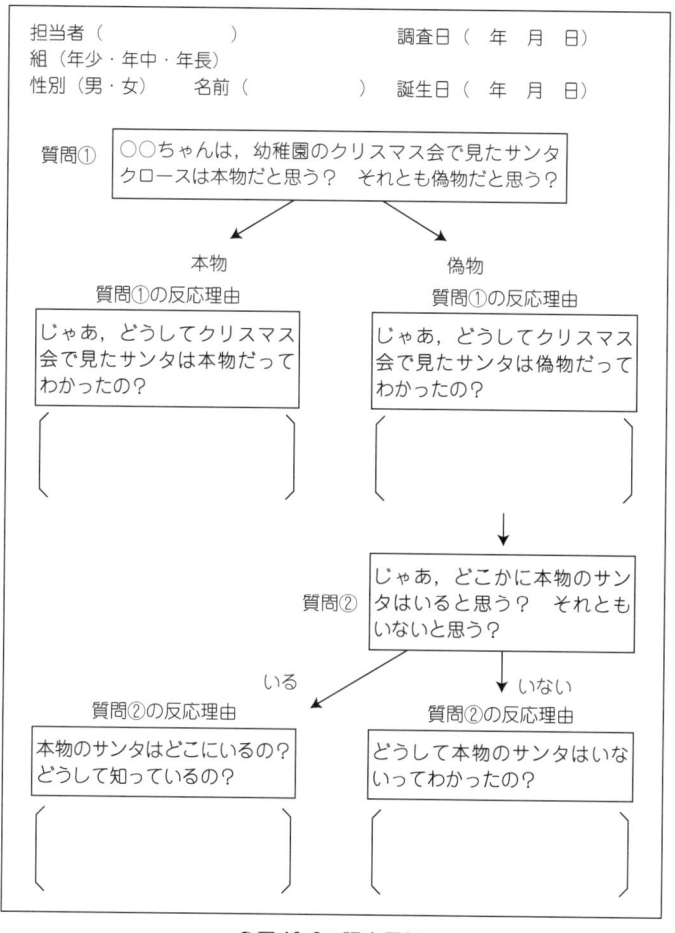

```
担当者（          ）      調査日（  年  月  日）
組（年少・年中・年長）
性別（男・女）  名前（      ）  誕生日（  年  月  日）

質問①  ○○ちゃんは，幼稚園のクリスマス会で見たサンタ
        クロースは本物だと思う？ それとも偽物だと思う？

           本物              偽物
     質問①の反応理由      質問①の反応理由
   じゃあ，どうしてクリスマス   じゃあ，どうしてクリスマス
   会で見たサンタは本物だって  会で見たサンタは偽物だって
   わかったの？          わかったの？

   〔           〕      〔           〕

                          質問②  じゃあ，どこかに本物のサン
                                  タはいると思う？ それとも
                                  いないと思う？

                    いる              いない
              質問②の反応理由      質問②の反応理由
            本物のサンタはどこにいるの？  どうして本物のサンタはいな
            どうして知っているの？      いってわかったの？

            〔           〕      〔           〕
```

● 図 10-2　調査用紙

張り番が必要である（じつはこれがすごく重要かつむずかしい役目である）。

3．面接調査（インタビュー）の実施方法

ここでは，実習であるので，3人1組で役割分担をして実施することにしよう。一人は，実際に被験児にインタビューする人，もう一人は上述した見張り番，最後は，インタビューの状況をチェックする人である。被験児をかえて，全員がすべての役割を経験できるようにするのが望ましい。

まず，調査場所まで，子どもを連れてこなくてはならない。子どもの個別調

査では，この部分がもっとも大変であるが，事前に子どもと遊ぶ機会などを多くもてば，比較的スムーズにことは運ぶ。はじめて調査をするときは，なるべく年長児からきてもらうとよいだろう。年長児くらいになると，

- 向こうの部屋で，おねえちゃんとおもしろいゲームができること
- そのおもしろいゲームは一人ずつ，順番でしかできないこと

を告げれば，「ぼくもいきたい」「わたしもやりたい」ということになり，でも，"一人ずつ順番"であるということなので，自分たちで順番を決めてまってくれる。しかし，全員がそうではなく，なかには「行きたくない」という子もおり，とくに年少児などでは，顔をのぞきこんだだけで泣きそうになる子もいる。このようなときどうするか。

- その子に無理強いはせず，その子の目の前で別の子をさそう
- その子の友だちを引き合いにだし，友だちもゲームをやったことを告げる
- その子の友だちがすでに調査を終わっているのであれば，いっしょに連れていく（ただし，調査中は友だちが黙っているようにうまくやる）

これだけやって来てくれないようなら，その子はあきらめよう。けっして子どもに無理強いはしてはいけない。ところで，上述の文章で，ゲーム，ゲームとあるが，もちろんこれはインタビューのことである。"お話ししよう"より，"おもしろいゲームしよう"の方が子どもはきてくれやすい。では次に，それぞれの役割の内容を詳しく説明しよう。

　　インタビューする人　調査する場所に被験児を連れていく途中に，できたら世間話（「今日は何して遊んでるの？」など）をして被験児が話しやすい状態にしておく。自分と被験児が席についたら，まず，名前とクラスを聞き，調査用紙に記入する。次に，被験児の前にクリスマス会の時の写真を呈示し，「○○ちゃんは，この前幼稚園でクリスマス会があったこと憶えてるかな？」，「クリスマス会にサンタクロースが来たこと憶えてるかな」とたずねて，クリスマス会のサンタを憶えてるかどうかを確認し，同時によく思い出させる。その後は，図10-2の質問①を行ない，被験児が"本物"と答えれば調査用紙の"本物"のところに○をし，"偽物"と答えれば"偽物"のところに○をする。次に質問①の反応理由をたずね，被験児が話したことを正確に記録する。質問

1 実習課題「幼児がサンタクロースについてどのように考えているかを調べる」

①で"偽物"と答えた被験児には，質問②を行ない，同様に質問②の反応理由を尋ねる。なお，被験児が何も答えないようであれば，もう一度ゆっくりと質問をくり返したり，もっとわかりやすいことばで説明し直す。たとえば，もし"本物のサンタ"や"偽物のサンタ"がわかりにくいようであれば，"本当のサンタ"や"うそ（もの）のサンタ"などに言い替えてみる。

インタビューが終了すると，「これでゲームはおしまいです。どうもありがとう。おもしろかった？」などの声をかける。「おもしろかった？」と聞くと，ほぼ全員が（どんな調査や実験にせよ）「おもしろかった」と答えるか，うなずく。これは重要なことで，子どもに"おもしろい"と暗示をかけると，他の子どもにも"おもしろい"ことをふれまわってくれるので，まだ調査がすんでいない子どもが，調査者に素直について来てくれるようになる。ただし，「どんなゲームやったのかはお友だちには言わないでね。ゲームがわかっちゃうと，お友だちがつまらないからね」というように，調査内容は口止めしてこう。

見張り番　調査をやっている場所から少し離れた場所で，調査をやっている場所に他の子どもが近づかないように，常に気を配らなくてはならない。近づいて来る子どもには，"一人ずつしかできないゲームをやっていること"，"順番がくれば自分もそれができること"，"見てしまうと自分がゲームをやるときつまらなくなること"の3点を説明する。それで納得しない場合は，「それじゃあおねえちゃんと一緒に遊ぼう」といって，体を張る。

インタビュー状況をチェックする人　インタビューをする人の，被験児に対する接し方や話し方について，気がついた点を記録しておく。たとえば，"表情がこわいので被験児がおびえている"とか，"話すスピードが速すぎて子どもが理解しづらそうである"などである。また，被験児に関しても，気づいたことがあれば，記録しておくとよい。

4. 面接調査（インタビュー）の結果処理

被験児について　検査日と誕生日から，被験児の年齢を月単位まで（○歳○か月）出し，年齢段階（たとえば年少児，年中児，年長児）ごとに，平均年齢を算出しておく。

被験児の反応について　被験児の反応の処理については，さまざまなやり方が考えられるが，ここでは一例を示しておく。まず，被験児の反応を次の3

パターンに分類してみる。
　パターン1：質問①で"本物"と答えた被験児（つまり、クリスマス会で見たサンタは本物であると考えている子ども）
　パターン2：質問①で"偽物"と答え、質問②で"いる"と答えた被験児（つまり、クリスマス会で見たサンタは偽物だが、本物のサンタはどこかにいると考えている子ども）
　パターン3：質問①で"偽物"と答え、質問②で"いない"と答えた被験児（つまり、クリスマス会で見たサンタは偽物で、本物のサンタなどどこにもいないと考えている子ども）
年齢段階ごとに、パターン1～3がどれくらいの割合になるかを計算しよう。年齢があがるにつれて、それぞれのパターンの割合は変化するだろうか。
　次に、質問①と質問②の、あわせて4つの回答理由、
　・どうしてクリスマス会で見たサンタが本物であるとわかったか
　・どうしてクリスマス会で見たサンタが偽物であるとわかったか
　・本物のサンタがどこにいるか、どうしてそれを知ったか
　・どうして本物のサンタはいないことがわかったか
それぞれについて、どのような反応があるかを、表などにまとめてみる。たとえば、クリスマス会で見たサンタを本物と判断した理由にはどのようなものがあるのだろうか。それらの理由を、いくつかに分類してみよう。
　以上のような結果処理の後、最後に、幼児はサンタについてどのような考えをもっているのか、どのようなサンタを、どのような根拠があって信じているのか、または、信じていないのかについて、年齢段階による考え方の違いを中心にして考察してみよう。

② 研究事例から

　本実習では、認知発達研究のなかでも、サンタクロースという日常的な想像物に関する幼児の思考や推論について取り上げた。本実習のやり方は、ほぼ杉村（1996）の研究と同様であるが、それの先行研究となった論文を紹介しておこう。

| 日常的な想像物に対する幼児の認識：サンタクロースは本当にいるのか？
出典：杉村智子・原野明子・吉本　史・北川宇子　1994　「発達心理学研究」第5巻，145-153頁より

　4歳児と5歳児が，サンタクロース，おばけ，アンパンマンなどの日常的な想像物に対してどのような理解をしているかを調べた。まず，"サンタクロースに会ったことがありますか？"などの，経験についての質問と，"サンタクロースと会うことができると思いますか？"などの，経験できる可能性についての質問に対する判断を求めた。さらに，その判断の基準をインタビューによって詳しく調べた。その結果，まず，4歳児は5歳児よりも，サンタなどに"会ったことがある"と答える者が多く，5歳児は"会ったこともないし会えるとも思わない"と答える者が多かった。また，4歳児の判断基準は，"クリスマス会で見たから"などの実際の経験に基づく傾向があるのに対して，5歳児の判断基準は，"サンタは夜に来るので会えない"などの，想像に基づく傾向があった。このことから，4歳児から5歳児にかけて，"実際に見たものが本物（のサンタ）である"という認識から，"実際に見たものは偽物で，見たことはないがどこかに本物がいる"という認識に変化していくことが示唆された。

③　発展学習のための参考書

　幼児を対象にした認知発達研究は非常に多くなされており，言語，思考，推論，記憶，など，さまざまな分野にまたがっている。したがって，その調査・実験方法はバラエティに富んでおり，かろうじて共通している部分は，子どもと1対1で向き合って何らかのやりとりを行なうことだけであろう（もちろんそうではない調査や実験もある）。しかし，その方法論などについてふれている適当な日本の参考書が見あたらないので，参考にはならないかもしれないが，外国の本をひとつあげておく。実際に，どのような調査や実験が行なわれているのかを深く知りたい場合は，学術雑誌等に掲載されている研究論文に数多くあたることが必要であろう。ここには，言語と記憶の分野の研究論文の例をそれぞれひとつずつあげておこう。

第2部　調査的面接法の理論と技法

10章　調査的面接法の実習：認知発達

引用文献

- Ginsberg, H, P.　1997　*Entering the Child's Mind : The Clinical Interview in Psychological Research and Practice.*　Cambridge Univ. Press.
- 高橋　登　1997　幼児のことば遊びの発達："しりとり"を可能にする条件の分析　発達心理学研究，**8**，42-52．
- 大山摩希子　1992　幼児における顔の再認について：顔の既知性，表情，角度の影響　心理学研究，**63**，248-255．
- 澤田英三　1997　参加観察法とエスノメソドロジーの実践　中澤　潤・大野木裕明・南　博文（編）　心理学マニュアル観察法　北大路書房　Pp.74-85．
- 杉村智子　1996　文化的な想像物に対する幼児の認識：サンタクロースは本物か偽物か？　日本心理学会第60回大会発表論文集　p.268．

コラム⑬ 『子どものことを子どもにきく』のこと

　『子どものことを子どもにきく』（岩波書店）という本をだしました。
　ぼくがうちの息子に年一回（三歳から十歳まで）続けてきたインタビューをまとめた記録です。
　毎年6月の息子の誕生日が近くなると、ぼくは息子の手を引いて近くのファミリーレストランに行き、テープレコーダーのスイッチを入れて、その年ごとにたてたテーマにそってインタビューし、そのやりとりを書きとめてきました。
　やってみて思ったのは、ぼくたちは知りたいことがあるときに直接そのものにあたるのを結構さぼっているということです。
　子どものことを知りたいときにぼくたちはまず、見も知らぬその道の専門家の書いた本を読むことから始めたりします。
　もちろん、それは参考にはなりますがあくまでも間接情報です。
　目の前の子どもに直接聞いたデータもあってこそ生きるものでしょう。
　またインタビューのしかたが、ぼくも含めてたいていの大人はへたなのです。
　というより、やったことがないからなにをどう聞いたらいいのかわからないということかもしれません。
　読み書き重視の教育のなかで、「話す」「聞く」は成績評価もしにくいし、またあまりにあたりまえのように思われ、なおざりにされてきた部分ともいえるでしょう。
　でも、データには出てこないその場の『空気』というのが実はとても大事で、それは会って同じ空気を吸いながら話をしないとやっぱりわからないんですよね。
　実際、息子の三歳のときのインタビューは目からうろこでした。
　息子は壁の時計が読めず、自分の住む町の名も知らず、レストランのメニューも読めなかったのです。ようするに字は読めないし、今がいつか、ここがどこかもわからない。ところがそれでもニコニコ屈託なく笑っていました。
　大人ならパニックになりそうなそういうことは、息子の幸福感の中ではとりあえず大事なものではないんですね。
　やっぱり子どもは別世界を生きているらしいと思いました。
　こんなことも面と向き合って聞いてみて、いまさらのように気づいたことです。

■引用文献■
杉山　亮　1998　子どものことを子どもにきく　岩波書店

（杉山　亮）

11章 調査的面接法の実習: 思考過程・問題解決

① 演習課題「経験的知識と矛盾する現象に対するメンタルモデルの構成」

問題と目的

　夏の暑い日にエアコンのスイッチを入れる。エアコンから冷たい空気が流れ，部屋がしだいに快適な温度に下がる。しかし，その日が30度を超える猛暑の日だと部屋の温度は30度からなかなか下がらない。そのときあなたならどうするか。エアコンの設定温度を28度から25度へと下げるという人が多いのではないだろうか。それは，あなたがエアコンのはたらきについての素朴なモデルをもっているからである。そこでは，設定温度のスイッチがエアコンの空冷能力そのものを調節しているというモデルが想定されている。それは，ガスコンロの炎の強さを調節するつまみと類似したイメージである。このように外界の事物のはたらきに対してわれわれが心の中に作り出すイメージをメンタルモデルとよぶ。

　われわれの抱くメンタルモデルは，科学的な説明と同じであるとは限らない。エアコンの場合，設定温度のスイッチは，空冷能力そのものを調節しているのではなく，室温によってエアコンを切ったり，入れたりする境目の温度を設定しているにすぎない。われわれは多くの物理現象に対して科学的な説明とは異なったモデル（素朴概念や誤概念ともいう）を抱いていることがわかっている。学校で勉強したことがほとんど役に立っていないのである。そのため，科学的なメンタルモデルの構成をいかに援助するかが学校の課題となっている。そこで，本演習では，科学的なメンタルモデルを構成しにくい事例として，経験的知識と矛盾する現象を取り上げ，そのような現象に対してわれわれがどのようにメンタルモデルを構成するかを調査的面接法によって検討してみよう。

1 演習課題「経験的知識と矛盾する現象に対するメンタルモデルの構成」

仮説の設定　ここでは，金野（1990）の課題「ある種の花火は水の中でも燃やすことができます。これはなぜでしょうか」（花火課題）を利用する。われわれの経験的知識からすれば，物が水の中で燃えるはずがない。しかし，水中花火というものがある。酸素が供給され，かつ発火温度を維持するための十分な発熱があれば，水の中でも物が燃える。すなわち，花火の中に十分の火薬と酸素を詰め，発熱が維持できるようにすればよいのである。そのことを面接の実施者自身が十分に理解しておかなければならない。さて，そのような正答を導出するためには何が必要であろうか。まず，課題解決者の専門性である。そこで第1の仮説として，「文化系の大学生より理科系の大学生の方がより正答を導出することができる」と設定しよう。次に，文化系の大学生と理科系の大学生のどのような違いが正答の導出と関連しているのであろうか。まず，燃焼に関する科学的知識を想起できるかどうかに違いがあるかもしれない。すなわち，物が燃えるための条件として，①可燃物がある，②酸素の供給がある，③発火温度に達している，の3つを認識できるかどうかである。しかし，燃焼の3条件を想起できただけでは正答の導出に十分でないかもしれない。燃焼の3条件に照らし合わせて，経験的知識のとらえ直しをしなければならない。そこで，第2の仮説として，「文科系の大学生にくらべて，理科系の大学生は，自発的に燃焼の3条件に関する知識を想起し，経験的知識をとらえ直すことで，正答を導出することができる」と設定しよう。

方法と結果の整理

　協力者の依頼　文化系の大学生と理科系の大学生にほぼ同数ずつ被験者としての協力を依頼する。結果を統計的に処理するために，それぞれ10名以上依頼することが望ましいが，調査的面接法の演習であるため，それ以下であってもかまわない。友人や後輩などに「問題解決過程の調査に15分ほど協力して欲しい」とお願いする。

面接調査の実施

　静かな部屋で被験者と1対1で面接調査を行なう。あらかじめ用意するものは，課題，燃焼の3条件，ヒントを印刷した用紙，および被験者の反応を記録するためのテープレコーダー（もちろんテープも）である。図11-1に具体的な実施手順を示す。最初に，課題に関する全体的な説明

125

11章　調査的面接法の実習：思考過程・問題解決

> この面接調査は，大学生の思考過程を調べるためのものです。これから，課題を印刷した用紙を渡します。その課題について思いつく解決法をできる限りあげてください。その際，考えていることすべて口に出して言ってください。差し支えなければ，思考過程を記録するために，テープに録音しますので，ご了承ください。

ステップ1

花火課題
ある種の花火は水の中でも燃やすことができます。これはなぜでしょうか。

約5分間

> 以下のことを参考にして，再度，花火課題について考えてください。

ステップ2

燃焼の3条件
物が燃えるためには以下の3つの条件をみたす必要があります。
①可燃物がある，②酸素の供給がある，③発火温度に達している

約5分間

> 以下のヒントを参考にして，再度，花火課題について考えてください。

ステップ3

花火課題
物が水の中で燃えない理由を燃焼の3条件から考えてください。

約5分間

> 調査に協力していただきありがとうございました。

●図11-1　面接調査の実施手順
注）点線内は被験者に与える言語教示，実線内は被験者に手渡す用紙

を行ない，発話プロトコル法を用いて課題解決を行なうように教示を与える。発話プロトコル法とは，被験者に声を出しながら考えさせることで，被験者の思考過程を検討する方法である。また，発話を録音することの了解も得る。仮説2を検討するために，花火課題を以下の3つのステップにしたがって実施する（図11-1）。

1 演習課題「経験的知識と矛盾する現象に対するメンタルモデルの構成」

ステップ1：花火課題を印刷した用紙を与え，被験者に解決案を求める。あらかじめ，5分間などの制限時間を決めておく（第2，第3ステップも同様）。

ステップ2：燃焼の3条件を印刷した用紙を与え，花火課題を再度考えさせる。ステップ1ですでに正解を出している被験者に対しても同様に考えさせ，先の回答でよい場合はそのことを確認する。

ステップ3：経験的知識のとらえ直しをうながすヒントを印刷した用紙を与え，花火課題を再度考えさせる。

結果の分析

テープレコーダーに記録した被験者の発話（プロトコル）はすべて文字化しておくと反応の分類の際に都合がよい。被験者の反応を表11-1の分類基準にしたがって分類する。「分析型」は，水の中で物が燃えるために欠けている条件，すなわち，空気中の酸素が利用できないことと発火温度を維持できないことを花火自体が補足するという反応である。「解釈変更型」は，「水の中で燃える花火」の原理を考えるという課題の意図を読み替えるという反応である。「否定型」は，「水の中で燃える花火」自体の存在を否定するという反応である。以上の3つ以外の反応を「その他」とする。ステップ1～ステップ3に対する各被験者の3つの反応それぞれを4つのカテゴリーのいずれかに分類する。分類の信頼性を確かめるために，2人の評定者が独立に分類を行ない，その一致率（同じカテゴリーに分類された％）を求める。不一致の場合は，両評定者が話し合い決定する。もし一致率が70％以下であれば，表11-1の分類基準をより詳細に記述し，再度，分類を行なう。

●表11-1　被験者の反応の分類基準（金野，1990）

カテゴリー	分類基準	反応例
分析型	「欠けている条件を補う」という解決案	花火自体が酸素を持っているようにする。
解釈変更型	問題文の解釈を変更している解決案	いわゆる花火ではなく，花火のようなものと考えればよい。
否定型	問題文の現実性を否定する解決案	今はそんなの（水の中で燃える花火）発明されていない。
その他	上記以外の反応	

第2部 調査的面接法の理論と技法
11章 調査的面接法の実習：思考過程・問題解決

●表11-2 各ステップで正答を導出した被験者の人数

	ステップ1 ヒントなし	ステップ2 燃焼の条件	ステップ3 とらえ直し	不正解
文科系学生	A1	A2	A3	A0
理科系学生	B1	B2	B3	B0

　ここで注目するのは，分析型の反応である。分析型の反応を正答として，ステップ1～ステップ3のどの段階で正答を導出したか，または最後まで正答を導出できなかったかによって被験者を分類し，表11-2のような表を作成する。まず，文化系の大学生と理科系の大学生の全体的な違いが見られるかどうかを調べる。ステップ1で正答した被験者に3点，ステップ2で正答した被験者に2点，ステップ3で正答した被験者に1点，不正解の被験者に0点を与える。そして，文化系の大学生と理科系の大学生の平均得点に差がみられるかどうかについて t 検定を行なう（分析1）。次に，以下の分析についてカイ自乗検定またはフィッシャーの直接法を用いて統計的検定を行なう（t 検定やカイ自乗検定などの具体的方法は，統計学の本を参照すること）。

分析2-1：ステップ1で正答を導出した被験者の割合が文化系と理科系の大学生で異なるかどうか。(A1：(A2+A3+A0)::B1：(B2+B3+B0))

分析2-2：ステップ2または3で正答を導出した被験者の割合が文化系と理科系の大学生で異なるかどうか。((A2+A3)：(A1+A0)::(B2+B3)：(B1+B0))

分析2-3：ステップ2で初めて正答を導出した被験者の割合が文化系と理科系の大学生で異なるかどうか。(A2：(A1+A3+A0)::B2：(B1+B3+B0))

分析2-4：ステップ3で初めて正答を導出した被験者の割合が文化系と理科系の大学生で異なるかどうか。(A3：(A1+A2+A0)::B3：(B1+B2+B0))

1 演習課題「経験的知識と矛盾する現象に対するメンタルモデルの構成」

結果の考察

仮説1は,「文化系の大学生より理科系の大学生の方がより正答を導出することができる」であった。分析1において理科系の大学生の平均得点が文化系の大学生の平均得点よりも高ければ,仮説1は検証されたといえる。

次に,仮説2は,「文科系の大学生にくらべて,理科系の大学生は,自発的に燃焼の3条件に関する知識を想起し,経験的知識をとらえ直すことで,正答を導出することができる」であった。この仮説は以下の2つの内容を含んでいる。第一に,理科系の大学生は,文科系の大学生よりも,燃焼の3条件や経験的知識のとらえ直しに関する情報が与えられなくても,正答できること。すなわち,ステップ1で正答できること。このことは,分析2-1において理科系の大学生の割合が文化系の大学生の割合よりも有意に高ければ検証される。第二に,正答の導出に「自発的に燃焼の3条件に関する知識を想起し,経験的知識をとらえ直す」ことが重要であること。逆を言えば,燃焼の3条件や経験的知識のとらえ直しに関する情報が与えられれば正答できる,すなわち,文科系の大学生でも,ステップ2またはステップ3で正答できるということである。このことは,分析2-2において文化系の大学生の割合が理科系の大学生の割合よりも有意に高ければ検証される。ただし,「燃焼の3条件」だけでなく,「経験的知識のとらえ直し」も重要であることを検証するためには,ステップ2ではなく,ステップ3で初めて正答する学生が増えなければならない。このことは,分析2-3では,文化系の大学生と理科系の大学生との間に有意差が見られないが,分析2-4で,文化系の大学生の割合が理科系の大学生の割合より有意に高ければ検証される。

さらに,被験者のプロトコルデータから仮説2を支持するような箇所を探してみよう。ステップ1やステップ2で理科系の大学生が自発的に燃焼の3条件や具体的事例を想起したり,経験的知識のとらえ直しを行なっていると思われる箇所があれば,仮説2を支持する傍証を得ることができる。なお,仮説を支持するような結果にならなかったとき,どこに問題があったのかを考察しよう。また,第2節で紹介する金野(1990)との手続き上の違いについて考察し,異なる結果になった理由を考えよう。

●表11-3　実験1の分析①，②の結果（人数）（金野，1990）

	解決案のパターン			喚起された知識	
	分析	解釈変更	否定	科学的知識	経験的知識
専門家	3	0	0	3	0
化学専攻学生	5	0	0	5	0
文化系学生	1	2	0	1	2
中高校生	2	0	0	2	0
小学生	0	1	1	0	2

② 研究事例から

　ここでは，本演習で取り上げた花火課題の解決過程を検討した金野（1990）の研究を紹介しよう。まず，実験1では，燃焼に関する専門家，化学・反応化学を専攻している学生，文科系学生，小中高校生に声を出しながら花火課題について考えさせ，そのプロトコルを分析した。実験1の目的は，経験的知識と矛盾する課題の解決過程に関する仮説を導き出すことであった。実験1の分析は，おもに3つの観点からなされた。①表11-1と同様の基準による反応の分類，②喚起された知識が科学的知識（燃焼の3条件）か，経験的知識（たとえば，「火を水に入れると消えるから」）かの分類，③分析型の解決案が産出されるパターンの分類であった。次のような結果となった。

　まず，①と②の分析では，表11-3に示すように，専門家や化学専攻の学生は，分析型の解決案を示し，かつ科学的知識に言及したのに対して，文科系学生や小中高校生は，解釈変更型や否定型の解決案を示し，かつ経験的知識に言及する場合が半数を占めた。一方，分析型の解決案が産出されるパターンを分類したところ，化学の専門家は，花火課題呈示直後に，「水の中で物が燃えない理由」に言及して，分析型の解決案を産出した。また，化学を専攻する学生は，解釈変更型の解決案を数個出した後に，「水の中で物が燃えない理由」に言及して，分析型の解決案を産出した。それに対して，文化系の学生や中高校生で分析型の解決案を出した者は，解釈変更型の解決案を数個出した後に，「水の中で物が燃えない理由」に言及して，分析型の解決案を産出した点では，化学を専攻する学生と同じであるが，経験的知識を問い直す前に，経験的知識と矛盾する他の具体例（海上でのタンカーの火災など）に言及した。

2 研究事例から

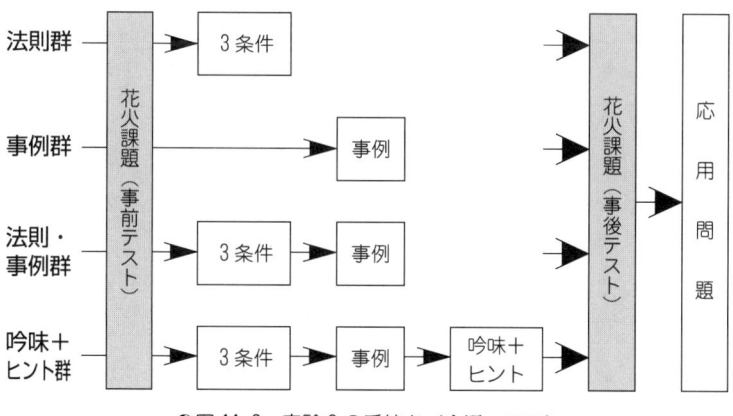

●図11-2 実験2の手続き（金野，1990）

　実験1の結果から，花火課題の解決には，以下の3点が必要であるという仮説が導き出された。①科学的知識（燃焼の3条件），②具体例の吟味（経験的知識と矛盾する他の具体例），③経験的知識のとらえ直し。実験2では，その仮説を検証するために，図11-2にあるような4群に文科系大学生を割り当て，面接調査を実施した（本演習の手続きと異なり，4つの群に被験者を均等に割り当てている）。法則群，事例群，法則・事例群の大学生は，花火課題（事前

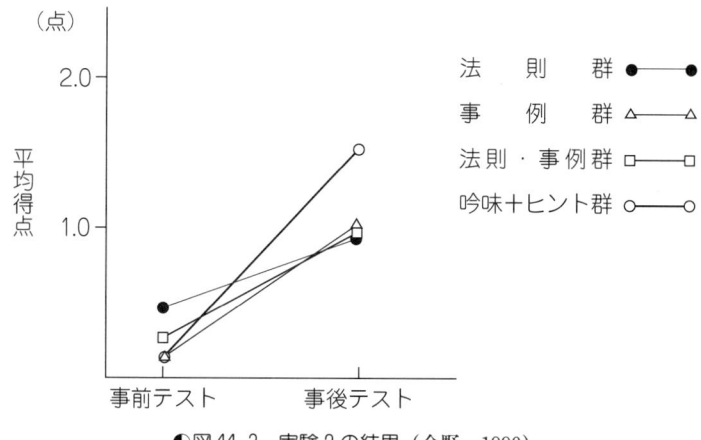

●図11-3　実験2の結果（金野，1990）

テスト）を行なった後，燃焼の3条件または燃焼の事例（燃えているロウソクにコップをかぶせると，やがて消えてしまいました，など）を音読し，事後テストとして，花火課題または応用問題を行なった。吟味＋ヒント群は，花火課題（事前テスト），燃焼の3条件の音読，燃焼の事例について燃焼の3条件を用いた説明（具体例の吟味），経験的知識のとらえ直しをうながすヒントの付与（本演習のステップ3と同様），事後テストの順に遂行した。花火課題に対する反応を得点化したところ（分析型の解決案に2点，解釈変更型で燃焼の3条件に言及している解決案に1点，それ以外に0点），図11-3のような結果となった。吟味＋ヒント群のみ学習の効果が統計的に認められた。

　実験3では，具体例の吟味，および経験的知識のとらえ直しをうながすヒントの両者を与える「吟味＋ヒント」群，ヒントのみを与える「ヒント群」を設定し，実験2と同様の手続きで面接調査を実施した。その結果，両群とも同様に事後テストの成績が向上し，経験的知識のとらえ直しをうながすヒントが問題解決を促進することが示唆された。

③　発展学習のための参考書

　思考過程や問題解決の研究は，研究目的によって個人面接（調査的面接法，観察法，コンピュータを用いた個人実験を含む）を用いたり，集団式の質問紙を用いたりする。個人面接の利点は，個人の思考や問題解決のプロセスを詳細に検討できる点にある。反面，被験者一人あたりにかかる手間と時間が大きいため，課題に対する反応のみを分析の対象とする研究の場合，被験者が年少の子どもである研究（10章の演習）以外，集団式の質問紙を用いることが多い。また，人間の思考過程や問題解決は，どのような問題を用いるかに大きく依存する。問題が単純なパズルやゲームであるか，数学や科学の問題であるか，スーパーで夕食の買い物をするといった"曖昧な"問題であるかによって，思考過程や問題解決は異なっている。問題が単純なパズルやゲームであれば，被験者の反応はいくつかの組み合わせに限定される（問題空間が明確である）ため，反応を記録したり，分析したりすることが容易である。以下の参考書の中にはそのような課題を使った研究が紹介されている。

③ 発展学習のための参考書

- R. E. メイヤー（佐古順彦訳）1979　新思考心理学入門―人間の認知と学習へのてびき―　サイエンス社
- 多鹿秀継（編）1994　認知と思考―認知心理学の最前線　サイエンス社

また，単純なゲームを利用し，本演習と関連したテーマを取り上げた研究として，以下の研究は興味深い。

- 中島伸子　1997　ルール修正に及ぼす反例遭遇経験の役割―理論の節約性に関するメタ知識の教授の効果―　教育心理学研究，45，263-273.

一方，数学や科学などの問題になると，問題解決に多様な専門的知識や経験的知識が利用され，問題解決のプロセスも複雑になる。人間の高度な思考や問題解決を検討するためにはそのような問題を取り扱うことは不可欠であり，そこでは，被験者の反応をいかに分析するかが一つの課題となる。本演習では自然科学の問題解決を取り上げ，仮説検証型の調査的面接を計画したが，本来，仮説を設定したり，検証するための手続きや分析の基準を計画することが研究の大きな部分を占める。そして，調査的面接法が問題解決または思考過程に関する仮説を生成するための探索的な研究の中で用いられることも多い。そのような研究例として，われわれが物理現象や簡単な装置に対して構成するメンタルモデルに関する研究の文献を以下にあげておく。

- D. Gentner & A. L. Stevens (Eds.) 1983 *Mental models*. Lawrence Erlbaum Associate　淵一博（監修）古川康一・溝口文雄（編）1986　メンタル・モデルと知識表現　共立出版
- Kempton, W.　1987　Two theories of home heat control.
- Collins, A., & Genter, D.　1987　How people construct mental models.

上記2つの論文は，D. Holland, & N. Quinn (Eds.) *Cultural models in language and thought*. Cambridge : Cambridge University Press に収録。

また，本演習で使用した発話プロトコル法は，人間の思考過程や問題解決に関するモデルを構成したり，モデルを検証したりするとき有効な方法であり，近年，認知心理学の研究などでしばしば用いられる。発話プロトコル法に関する解説や研究例が以下の文献にみられる。

- 海保博之・原田悦子（編）1993　プロトコル分析入門　新曜社

引用文献

金野祥子　1990　一見矛盾する課題の解決過程における知識の役割　教育心理学研究, 38, 126-134.

コラム⑭ 子どもからのメッセージ

　ユリ（仮名，三歳）の父母は離婚を前提に別居し，ユリは母と一緒に母の実家で暮らしていた。ところが，父が母をだましてユリを連れ去ったため，ユリの監護者（養育者）を決める手続きが家庭裁判所に係属した。

　調査官がユリに面接したとき，ユリは父の家で祖母（父の母）に世話をされて暮らしていた。面接場所は父の家のリビング。男性調査官が父と祖母に，女性調査官（筆者）がユリに面接した。ユリは大人を困らせないおとなしい子で，父のもとに来てから母を恋しがることはまったくないと聞いていた。

　リビングの床に座り，ユリのおもちゃを使って二人で遊び始めたが，ユリが母との生活を感じさせるようなことを言ったりしたりすると，そばで男性調査官と面接している父があれこれ口をはさみ，ユリの遊びが止まってしまうということが重なった。そこで筆者は持参したスケッチブックを開き，「お絵描きして遊ぼうか」とユリを誘ってみた。クレヨンで絵を描き，「これな～んだ？」と当てっこゲームのようなことをしていたが，そのうちにユリが「兎ちゃん描いて」と自分から要求するようになった。求められるまま動物をいくつか描いた後で「お弁当描いて」というので，筆者は子どもが好きなお弁当の歌（これっくらいの，おべんと箱に，おにぎりおにぎりちょっと入れて…）を歌いながらお弁当を描いた。このころから，ユリは筆者の膝に手を置き（それまでは筆者と身体がふれ合うのを避けるようにしていた）筆者をじっと見つめるようになった。お弁当の次に，ユリはお弁当箱のすぐ横に「お母さん描いて」と言う。その次には「おじいちゃん」，「おばあちゃん」，そして最後に「ユリ」をお母さんの隣に描くように指定。ユリの視線にグッと力がこもり，筆者は女性である筆者が刺激となり，ふだんは外に出せない母に対する気持ちがユリの中で高まっているのを感じた。これ以上ユリの気持ちを刺激することに危険を感じたため，動物たちもみんな一緒に仲良くお弁当を食べました，とお話ふうにしてお絵描きをおしまいにし，その後はボールを使って身体を動かす遊びに移った。

　幼児との面接をことばだけで進めることはむずかしい。一緒に遊びながら，あるいは場面を共有しながらその子らしい表現を探し，場面設定も面接の方法も子どもに沿って変化させていく。柔軟に，その場その場で子どもと一緒に面接を作っていく過程には，大人との面接にはない面白さと，ことばでの自己主張が不十分な子どものメッセージをどう受け止めるかというむずかしさがある。

（濱本園子）

12章 調査的面接法の実習：グループ・インタビュー1

1 グループ・インタビューとは

　グループ・インタビューとは，「ある属性を共有する少人数（6〜12人程度）の初対面の人々が，あらかじめ決められた調査計画のもとに選択され，依頼されて一堂に会し，2時間程度，くつろいだ雰囲気の対面的状況で，熟練の司会者の集団討議技術により，自由で自発的な発言を行ない，調査者がそれらを言語データとして記録・分析する社会調査技法のこと」である。名称としてはこのほかに「フォーカス・グループ」とか「グループ・ディスカッション」というのもある。日本語では「集団討議」となるが適切な日本語訳が定まらないままにカタカナでそのまま「グループ・インタビュー」という名称が多用され定着しつつある。

　グループ・インタビューの実施にあたっては，司会者を中心に調査専門家のチームプレイがグループ・インタビューの成否を決める。司会者が単独で調査を実施するケースは少ない。多くの場合，複数の調査専門家が協力して企画立案から調査枠組みの設計，調査対象者の属性の確定，対象者の選定，出席可能な人の探索と勧誘など，準備作業に多くの手間と時間を取られる。グループ・インタビューというのは，単なる集合式個人インタビューではない。「対象者が複数集まった状態（グループ・集団）」で実施するインタビューという意味と同時に「調査主体がひとりではなく集団（グループ）である」という両方の意味合いがある。したがってグループ・インタビューを実施しようとするならまず調査実施主体としてのチームを編成することから始めねばならない。なぜならグループ・インタビューは，ひとりで実施するのはきわめて困難な調査手法であるからだ。グループ・インタビューを実施している場面だけを見るとあたかもひとりの司会者だけが調査主体として複数の対象者に一度にまとめてインタビューをしながら情報収集しているかのように見える。しかし対象者の選定や会合への出席への説得や誘導など，インタビューが始まるまでの多くのス

テップから構成される準備作業をたったひとりで企画立案・実行することは相当困難である。セッションが始まってからも司会者が速記係を兼ねることは不可能であるし，司会者も調査対象者もそこで話し合いに集中するためには「閉じられた実験室的状況」を確保することがインタビューを成功させる。セッション中は，外部からの不要な訪問や介入がないように情報を一時的に遮断するよう運営しなければならない。面接場面も実験室実験と同様の集中度と外部からの介入の排除が不可欠である。

集団で集団を面接調査するのがグループ・インタビューである。設計段階・データ収集作業の実施段階・分析段階の3つの段階に共通するのは，「複数の主観」によって議論がなされることによって，ひとりだけの観察者が陥りやすい独善性を排除できる点である。また，主観の集合としての「間主観性」が保証され，データの妥当性・信頼性・客観性が企画設計・収集・分析の各ステップで保証されることにつながる。

② グループ・インタビューの目的と用途

グループ・インタビューは，定性的社会調査の技法のひとつである。似たような形での集団討議形式が，治療的に用いられる形式もあるため誤解されやすい点もあるが，ここでは社会調査技法としてのグループ・インタビューを取り上げている。したがって面接を通して参加者や出席者を診断したり，就職面接として採用の意思決定の参考とするとか，集団心理療法のように「対象者を治療する」という意図は調査技法としてのグループ・インタビューにはない。あくまで参加者の「生の声を聴く」という姿勢で，対象者に影響を与えずに，対象者が自由に発言するよう環境整備や条件設定をそろえることが中心である。対象者の内面に介入し影響を与え，相手の行動や意識などに「変化を起こさせる」ことが目的ではない。むしろ極力対象者への影響を排除し，あるがままの姿を把握することが調査の目的である。

治療的面接と違ってグループ・インタビューは調査の技法であるから当然ながら一定の調査目的が存在する。調査目的遂行のため，定性的なデータを収集し分析する技法としてグループ・インタビューが位置づけられている。そこに

技法としての効用や制約が存在する。グループ・インタビューに「できることとできないこと」，グループ・インタビューで「すべきこととすべきでないこと」などを峻別して有効な調査技法として正しく活用することが重要である。

グループ・インタビューで得られるデータの種類は，言語情報である。どういう言語表現を参加者が用いるのか，どんな感情やニュアンスが盛り込まれているのか，調査主体が対象に影響を及ぼすことなく，あるがままの状態を把握できるように，司会者の司会技術が重要となってくる。

グループ・インタビューには，重要な3つの要素がある。第一は「対象者の選定」，第二は「インタビュー・セッションの円滑な実施」，第三は「データの整理と分析」である。3つの要素の間には重要度において優劣はない。そのどれも大切であるが，司会者は，インタビュー・セッションの成否に直接的に大きな影響を及ぼす。出席者が何らかの理由で緊張が解けなかったり，いいかげんな返答でその場をごまかそうとしたり，調査に非協力的であったりすると調査は失敗する。出席者は，だれでも最初はグループ・インタビューという場面に不慣れであることが多いし，またそこで会った人々が互いに初対面のためなかなか「自由でくつろいだ雰囲気」ができなかったりすることもある。また，司会者による不適切な質問や集団討議の運営のために出席者の中には居心地悪く，本音を言えない場合も出てくることがある。

したがって，司会者の司会技術はきわめて大きな成否を決める影響要因である。そのためグループ・インタビューを実施しようとするなら適切な司会者を得ることが重要である。また司会技術を習得し，グループ・インタビューの経験を蓄積することが不可欠である。グループ・インタビューの実習には，いくつかの段階があるが，司会技術の習得のための司会実習はそのなかでも最も重要であるだけではなく，すぐれた司会者になるには練習が必要とされる。

③ グループ・インタビュー・セッションの実習

グループ・インタビュー調査の実習では，グループ・インタビューを調査研究のために実際に企画立案し，実施分析し，適切に用いることができるようになることを目的とする。そのための訓練を熟練者の監督指導のもとに実際の調

③ グループ・インタビュー・セッションの実習

査に近い形で練習することをここでは「実習」とよぶ。グループ・インタビュー実習全体は，大きく①「企画設計」②「インタビュー実施」③「データの整理分析」の3つの段階すべてを統合的に管理運営できるようになる練習となるが，ここでは紙面の制約から②の「インタビュー実施」段階にのみ重点をおいて言及する。さらにそのなかでも「司会技術の実習」に焦点を絞って論じることとする。したがって本稿ではカバーできない部分である，①「調査の企画設計」の準備段階や，③「データの整理分析」段階についても「実習」や「習練」が必要であることを留意しておかなければならない。

調査テーマと調査目的の確認

司会者がまずしなければならないのは，調査目的の確認である。そのグループ・インタビューが何のために企画されたのか，グループ・インタビューという方法が多くの他の技法の中からなぜ選択されたのか，研究テーマはグループ・インタビューという手法に適合したテーマなのかどうか，などなど。グループ・インタビュー実施の目的が，定性データを収集するためということが企画者によって適切に理解されているかどうか，司会者も再確認が必要である。もし，定性データの収集技法という限界を超えた結果を企画者が期待しているということが明らかであれば，そこで用いられるべき技法として他のよりよい技法への変更も提案しなければならない場合もあろう。グループ・インタビューへの出席者の反応を定量的に処理することのないよう，技法をよく理解して正しく使う練習が必要とされる。

参加者の選定条件の確認

次に必要なのは，調査の目的に合った対象者を選定することである。ある経験について調べる場合に，選定過程でミスがあって，その経験をしていない人がインタビューに出席すると必要な情報が得られない。グループ・インタビューにとっては，情報提供者としての適格性について事前の充分な検討と確認は不可欠である。ある行動の動機について探求しようとしても，そういう行為を行なった経験のない人やすでにそうした行為を数年前に止めてしまった人には，現在なぜそれを行なっているのか，動機を質問しても情報が得られないことになる。

さらに出席者どうしがお互いに気兼ねなく自由でくつろいだ雰囲気で話し合

いができるには，グループメンバー構成上の配慮である。たとえば，同じグループに男性と女性の出席者を混ぜてよい場合とよくない場合とがある。その判断は，調査テーマや調査課題によっても左右されるし，また出席者の年齢によっても異なる。たとえば，中学生や高校生の場合，調査テーマの種類に関係なく男女混合グループを編成すると，お互いに異性を意識して発言が抑制されがちになる危険性がある（状況や人によっては，その反対の場合もある）。いずれにせよ「不自然な発言」を避けることは，質の高い定性データを確保するために必要な配慮すべき事項である。20歳代，30歳代の場合などテーマによっては既婚者と未婚者を同じグループに混合編成すると発言に影響があるケースも少なくない。そのような場合，事前に調査設計段階で多角的な検討を加えて選定基準とメンバー構成を適正にデザインすることが必要である。

参加者の確認 インタビュー当日，会場では，来訪した出席者に本人であるかどうかの確認をする。その理由は，たまに急病など突発的な事情で代理の人が来ることもあるからである。参加する側としては，急に欠席者が出るよりは，兄弟親戚隣人などで代替可能と判断して補充しようと好意から出た対応をしたつもりでも，その代理人が調査目的から見て，必ずしも該当者とは限らない。その理由は，出席を依頼するときに，属性についてこちらの期待する特性をすべて対象者に情報開示しているとは限らないからである。テーマとしては該当していても，そのグループ編成については出席予定者に他の出席者についての情報を提供することはほとんどないわけで，緊急に欠席する場合の代理人の出席は実際はほとんど不可能である。

さらに出席者どうしがお互いに知り合いでないことがグループ・インタビューを成功させるために必要な条件のひとつである。その確認が必要である。その理由は，すべての出席者が対等の立場で発言できる機会と雰囲気を計画的に醸成する必要があるからである。知り合いがいるところでは，そうでない場合にくらべて，他の出席者よりも発言回数が多くなったり逆に少なくなったり影響を受けることが多い。回数だけでなく発言内容についても同様である。他の人への影響という点からもお互いが等しく初対面であることが望ましい。司会者または調査実施者は，その条件確認を出席者が会場に来て実際にインタビュ

③　グループ・インタビュー・セッションの実習

一が始まるまでの短い時間内に受付けの所で済ませることが重要である。

調査目的と調査課題の確認　何のためのグループ・インタビューか，そもそも何を課題としていたのか，調査を企画した趣旨は何だったのか，などを再度確認しておく。調査目的の確認は一度だけでなく何度もなされることが重要である。企画設計の段階・実施段階・分析段階のどの段階でもすべて調査に関連した諸行為が，調査の最終目的に照らして合目的的かどうかで，個々の判断や選択がなされるのである。

個々のグループ・インタビューのセッションは，1回あたりわずか2時間あまりという制約の中で，一定水準の質の定性データを収集しなければならない。そしていったんセッションが完了すると，後からその不足の補充や反復や再確認は不可能に近い。セッション中の一つひとつの質問が調査目的に向けて適切で効果的なものであるためにも，そもそもの調査目的が何か，調査によって明らかにしたい調査課題が何であるかを常に意識して調査を進行させる必要がある。

インタビューフローのデザインとフローシートの作成　司会者は，インタビュー開始後，必要な質問事項をもれなくすべてカバーするためにできれば1枚の紙に項目をメモして用意すべきである。そのメモには，質問すべき事項のすべてをすぐに把握できるよう項目を列挙し，構造化した図や表を用意するとインタビューが実施しやすくなる。何枚にもわたる長いメモだとどの質問を済ませたのか，他にどんな質問が予定されていたのか，インタビュー・セッション中のわずか数秒の間に確認することができない。瞬間に見て質問項目を想起できたり流れを確認できるためには，質問事項が列挙されたメモやフローチャートになっていると実行しやすい。一覧性を保証した紙に司会者自身が項目を整理して作成し，それがセッションが始まる前に，記録係やその他の調査スタッフにも配布されているとやりやすい。どういう順序でどんな質問事項を予定しているのか，調査グループのスタッフはお互いに情報を共有していることが望ましい。それによって司会者は質問の順序を急に変更することも容易となる。質問順序を話の流れに沿って柔軟に変えることは，「自由でくつろいだ雰囲気での発言」の促

進にとって重要な要素となる。質問順序の変更が起こっても質問事項を聴き忘れることがないように質問項目の列挙されたシートを用意しておくことが重要である。

会場の確認
司会者が司会に集中できるように，会場のさまざまなセッティングについてインタビューが始まる前に十分確認しておかねばならない。たとえば，電話，近隣の騒音，室内の温度湿度，照明などの点検，部外者の訪問をはじめインタビュー・セッションを中断させるような妨害要素の点検と排除などが必要である。

出席者が会場に来るまでに道に迷って大幅な遅刻が発生しないかどうか，会場の場所を示した地図を事前に参加予定者に送り届けてあるのかどうか，またビルの建物などの入り口に会場がわかりやすく図示してあるかどうか，当日の天候や交通事情も含めて多角的に検討したうえで，問題があればすぐに対処しておく。こうして出席予定者全員が遅刻することなく集合し，時間どおりにインタビュー・セッションが開始され，予定された時間は十分話し合いが実施され，有益な発言が多く得られるようインタビューを実現させることが重要である。

4 グループ・インタビュー実習の手順

では具体的にグループ・インタビュー技法の実習をどのように行なえばよいか。教室での実習を想定して6段階で実施する手順を呈示しよう。第一段階は，受講生を調査テーマへの関心からいくつかのグループに分ける。受講者数によって呈示する調査テーマの数を変えて，1つのグループを最低3人，最高6人ぐらいの範囲におさまるよう調節する。調査テーマは，受講者の中から候補をあげさせてもよいし，あらかじめこちらで用意しておいてその中から選択させてもよい。テーマも多様なジャンルから選定すると受講者の興味と近いテーマで実習が行なえる。関心領域はたとえば，「環境問題」「消費財の購買行動」「教育・学校生活」「健康・医療福祉」「レジャー活動」「広告評価」等が想定できる。重要なのは，受講生が各自の興味関心をもっていることを調査実習の

1　グループ・インタビュー実習の手順

テーマとして選択して，同じ関心を共有する人々と協力して調査実施に強くコミットメントをすることである。実習のための1グループの人数は，3人の場合，その役割分担は「司会担当」「記録担当」「庶務担当」である。6人の場合は，「司会・副司会」「速記・音声またはVTR収録」「出席者誘導・会場設営」といったより細分化された役割をふり分け，調査主体の一員として必ず何らかの役割を責任もって分担する体制を作る。それにより全く役割分担のない人が出てくるのを避け，実習参加者が何らかの役割をもち，体験的に集団としてのグループ・インタビュー実施の責任と達成感を身をもって学習し，グループ体験から調査実施に必要な多くのものを学ぶ。各自の分担業務をきちんと達成するだけではなく，協力してひとつの目標に向かって努力し，チームワークや参加者への対応の仕方なども学ぶ。

　第二段階は，各グループで調査項目の検討を行なう。調査目的にあった質問事項は何か，司会者はどんなことを質問したらよいか，また調査対象者にはどんな特性が必須条件として必要か，グループ・インタビューへの出席者に期待される条件とは何か，どうやって該当する対象者を探し出し，説得し，当日迷うことなく会場に来てもらえるにはどんな連絡と準備が必要か，などを議論して，グループとしての準備体制を整える。

　第三段階では，モデルとしてのインタビュー・セッションを実施する。受講者全員が見学可能な教室で具体的なグループ・インタビューの実施状況を理解してもらうために実践して見せることが，「百聞は一見にしかず」のたとえのようにわかりやすく効果的である。グループ・インタビューの実際のセッションでは，事前にいくらことばで説明し，見学者がわかったつもりになったことでも，自分の目の前で実際のインタビュー・セッションが実践されるのを目の当たりに見ると非常に多くのものを吸収することができる。実習参加者一人ひとりが各自の抱いていた多様な疑問点が明確になる経験をする。

　第四段階では，各グループにグループ・インタビュー実施計画書を提出させ，その計画が現実的に実施可能かどうかの点検を行なう。さまざまな機材（たとえば，発言の収録機材の準備など）や出席者への連絡と確認などを現実にもれなく展開できそうかどうかの確認をして，不十分な点を指摘したり対処の方策を細かくアドバイスする。受講生が見落していた点や気がつかない点を実施可

12章　調査的面接法の実習：グループ・インタビュー1

【実習課題の例】

グループ・インタビューの実習課題は，受講生の関心をベースに策定することが基本である。そのため受講生の関心の多様さを反映してさまざまな課題を設定することができる。したがって，ここで提示する課題例は，ごく限定されたものであることをお断りしておきたい。

実習課題の例1／環境問題：
・街路でのゴミのポイ捨てを減少させるには
・ゴミの分別収集への協力度を向上させるには

実習課題の例2／商品およびサービスの新規開発：
・新しい清涼飲料水に何を期待するか
・海外旅行に人々は何を期待しているか
・行政サービスへの不満と期待について

実習課題野3／職業選択：
・就職活動開始においていかなる情報が必要とされているかについて
・学生は何を基準に職業選択行動をしているかについて

実習課題の例4／地方都市の過疎化
・若者が都会生活に期待することについて
・Uターンを期待する地方都市の魅力とは何か

実習課題の例5／大学授業への期待
・大学の授業に何を期待しているかについて
・大学生活満足度に影響する要因について

実習課題の例6／販売および活動促進
・来場者数を規定する要因について
・購買理由の心理的要因について

能な水準まで補完する段階でもある。

　第五段階では，各グループのグループ・インタビューの実施と他のグループ所属のメンバーの見学である。これらは，同時進行で行なうことができる。見学される立場にある者は，実習場面が，実際のグループ・インタビュー・セッションとは異なるため，練習の場なのに緊張が高まりうまくインタビューを実施できないうらみもあるが，学習場面に立ち会うというメリットを考慮すると，互いの不自然な場面設定から受ける損失よりも相互見学できるメリットのほうが大きいと考えられる。

　第六段階では，データ整理および分析作業の実習である。分析をどのように行なうかは，調査目的との整合性，データの信頼性，妥当性などを考慮しつつ，

「意味解釈」「意味の了解」をできるだけ生の発言の真意を生かして報告書に盛り込むことが望ましい。調査主体の予見や独断的な仮説を単独で一方的に強化することは回避すべきである。発言データを発言者の発言意図に沿って，記録整理をして，「データに語らしめる」という基本をはずすことがないように，また単独の主観的判断（偏見）に陥ることのないように，複数の専門家の解釈を総合して意味理解を深めるのが適切な分析方法の基本である。

5 司会者の心得

最後に，グループ・インタビューの実施を計画中の読者に筆者のこれまでの経験から司会者の心得について留意すべき点を列挙しておこう。

①「聴くことに専念する」，②「分析目的を常に意識する」，③「時間管理に気をつける」，④「出席者の発言を共感的に受け取り内面からの対象理解を心がける」，⑤「一人の発言中も他のメンバーの表情や言語行動に十分な注意を払う」，⑥「グループ全体の集団の雰囲気に配慮する」，⑦「司会者が参加者に及ぼす影響に対して，また参加者が司会者をどう知覚しているかに対して常に配慮する」，⑧「発言の記録作業は記録係に付託して，司会者は集団の形成と発言の促進および参加者の態度や意識に常に関心を向けるよう心がける」，の8つが重要である。

参考文献

高山忠雄・安梅勅江　1998　グループインタビュー法の理論と実際：質的研究による情報把握の方法　川島書店
梅澤伸嘉　1993　実践グループ・インタビュー入門　ダイヤモンド社
Vaughn S., Schumm J. S., & Sinagub J. M.　1996　*Focus Group Interviews in Education and Psychology.* Thousand Oaks, California : Sage Pubulications.　井下　理（監訳）1999　グループ・インタビューの技法　慶應義塾大学出版会

13章 調査的面接法の実習：グループ・インタビュー2

① 演習課題「大学の授業をどう評価するか」

問題 大学の授業をどのように組み立てていくかということは，教師にとってはもちろん，それを受講する学生にとっても重要な課題である。教師がよい授業を工夫したとしても，学生にそれを受け止める姿勢がなければ，「よい授業」にはなり得ない。むしろ，学生が教師にどういう授業にしてほしいかという要求をすることは，当然の権利でもあり，学生側にも教師とともに授業を作っていく積極的な姿勢が望まれる。

　そのひとつのチャンスとして，学生による授業評価調査が全国の大学で普及しつつある。そこでは，主として質問紙調査法が利用されており，個々の授業に対する「理解度」「興味度」「満足度」といった印象度が学生によって評定される。それとともに，自由記述などによって，学生の要望や改善へのヒントが具体的に教師に伝えられる場にもなっている。しかし，教師にフィードバックされる各項目の評定平均値は，往々にして，大学の教員管理のために利用されるのではないかといった懸念をうみ出し，ひいては，学生に大学の授業を評価する能力があるのかといった，その試みそのものに対する疑心暗鬼にもつながっていくことさえある。

　そうした批判に対して，現実の学生がどのように大学の授業をとらえているかということを明らかにしておくことも望まれるであろう。学生の側からすれば，単位の取りやすい科目や，面白い授業を知るための情報源として授業評価調査を利用したいというのが本音かもしれない。しかし，「評価」は，それが結果ではなく，基本的に，次の授業の改善につながるステップであるべきものである。教師にとっては，その結果を，みずからの授業にどう活用するかが肝要であり，それに回答する学生の立場では，学習を促進するという観点から「授業」をふりかえる機会となることが望まれよう。

　そこで，ここでは，学生が大学の授業をどのように考え，どのような観点か

1 演習課題「大学の授業をどう評価するか」

ら「授業評価」を行ない，また，どのような授業を望んでいるのかについて，学生の意見を収集してみることにする。授業の見方，授業評価に対する考え方に関しては，多くの観点が含まれていることでもあり，大学の各学部からできるだけかたよりなく学生を抽出して，いくつかのグループを構成し，グループ・インタビュー法を通して，学生のさまざまな意見とその背後にある考え方を抽出することを試みてみることにしたい。

手続き　グループ・インタビュー法は，6〜12名ほどのグループを数グループ構成し，それぞれのグループで，質問やディスカッションを1〜2時間程度行なって，目的とする情報収集を試みる面接手法のひとつである。個人個人の面接調査では，多くの被調査者を確保するのに多くの調査者，労力等が必要となるが，グループ・インタビューでは，一度にそれなりの人数の被調査者を相手にすることができ，また，他者の発言などからさまざまな観点が引き出され，そのそれぞれに対する参加者の幅広い意見を収集することができる利点がある。他者がいることで，個人の深層心理的な内面を引き出すという意味では限界もあるが，一定の集団においてどのような意識や考え方があるかを掘り下げるためには有効な手段のひとつであり，社会調査の領域などでしばしば利用されている方法である。

被調査者の選定　被調査者は，想定される母集団からかたよりのないように選ばれることになるが，単に無作為抽出を行なうよりも，むしろ，さまざまな観点がグループで共有されるように，目的に応じて，極端な事例，典型的事例，変化の大きい事例，重要な事例などが適宜含まれるように留意する必要がある。ただ，同じグループには，親しい友人や知り合いがそろわない方が無難である。また，どのような趣旨でグループ・インタビューを行なうかを説明し，それに同意を得ておくことが望まれる（インフォームドコンセント）。

13章 調査的面接法の実習：グループ・インタビュー2

進行役の心得

グループ・インタビューの進行役は，調査方法および調査目的に精通している者が当たるのが望ましい。基本的には，以下のようなプロセスをふむことになるが，どのような質問をするかについては，その順番も含めて事前に慎重に検討しておく必要がある。

1．導入

　進行役の自己紹介，および，調査の目的とグループ・インタビューのガイドラインを説明する。テープで録音する場合には，その了承を得ておく。

2．ウォーミング・アップ

　被調査者から自由に意見が出てくるように，リラックスさせ，少しでもラポールが取れる雰囲気になることを心がけながら，自己紹介などを行なう。

3．用語明確化

　インタビュー，あるいは，ディスカッションのキー概念について，質問などをまじえながら定着を図る。(例：「学生による授業評価調査」，「大学の授業の種類」，「学生の私語について」等々)

4．回答容易な質問

　比較的回答が容易と思われる質問，あるいは，はじめに質問した方がいいと思われる質問から開始する。発言内容が汲み取れない場合には，確認しつつ進行していく。(例：「どのような授業を受講しているか」，「いい授業はどんな授業」，「悪い授業はどんな授業」，「授業評価調査は役に立っているか」等々)

5．答えにくい質問・討議

　比較的答えにくいと思われる質問，あるいは，いくつかの応答から討議をすすめる。討議の場合には，一人に発言がかたよらないよう，また，話題がそれないよう，適宜，進行役が調整する。(例：「大学の授業はどうあるべきか」，「授業評価調査の是非」，「大学の授業における教師の役割・学生の役割」等々)

6．まとめ

　被調査者に言い忘れたことの有無，いくつかの意見について正誤などを確認しつつインタビューを概括し，謝辞を述べて閉会する。

データの記録 インタビューの内容は，録音，録画などして，その後，プロトコルに起こしておくことが望まれる。ただし，機械的には記録しきれない情報もあり，またインタビューで重要な情報は音声のみでない場合もあるので，進行役や記録担当者が，要点や気づいた点を適宜メモして，プロトコルやビデオ記録の補足情報として備えておくことが望まれる。

なお，被調査者の属性や考え方の概要について，別途，適当な質問紙調査を行なっておくとよいだろう。面接参加者のみならず，より大きな集団に対してデータを収集し，何らかの方法で，面接参加者の質問紙調査結果を参照できるようにしておくと，両者を相補的に活用できるのでより深い分析につなげることができる。ただし，この点に関しても，あらかじめ被調査者に同意を求めておくことが望まれる。

結果処理 グループ・インタビューで得られるデータは，個人面接と同様，言語記録と面接時の進行役，記録担当者のメモ，および，その他に収集された資料ということになる。参加者が複数となるため，それぞれの背景や，参加者どうしの相互作用といった複雑な要素が加わることで，分析は必ずしも容易でない部分がある。

まず，被調査者個人個人が基本的にどのような考え方をもっているかを同定する。それにもとづいて，インタビューの中でなされたそれぞれの発言が，どのような文脈のもとでの意見であるのか，発言者の背景はどのようなものであるか，また，それが他の参加者の発言によって影響を受けやすいかどうか，新たな観点が呈示されることによって考え方が発展しているかどうかといった諸点に留意しつつ，グループにおける意見の概要をまとめていく。具体的には，個々の意見をカード化するなどして，それを並べ替えて分類・概念化し，それらの関係を浮き彫りにしていくといった，いわゆるKJ法に類する手法によって整理・図式化しておくとよい。

② 研究事例から

グループ・インタビューは，条件を統制したり，発言等のデータの分析が目的によっては容易でない部分もあって，それを利用した学術研究はまだ多くは

見かけられていないようである。今後，教育・心理学の領域でも，学術研究の枠組みの中で，より積極的に利用されていく手法であると思われるが，現在のところ，マーケティングの領域や，社会調査などで主として利用されている手法といえる。そこで，ここでは，筆者が実際に参加した調査で行なわれたグループ・インタビューの一部を紹介しておくことにする。

> 麻生　誠・岩永雅也　1997　創造的才能教育　玉川大学出版部
> 高等学校在学者の放送大学における科目履修のあり方に関する調査研究　最終報告書　1996　放送大学

　1998年，大学に高校2年終了時に入学できる，いわゆる「早期入学」が，千葉大学で始められた。それに先だって，早期入学の諸問題を探るために，一連の調査研究が実施されている。その一環として，放送大学においても，高校生に放送大学の授業をモニター受講させる試みが，平成6年，7年の2年間にわたって行なわれた。平成6年2学期に51名，平成7年1学期80名（内，継続参加者22名）が特別受講生として科目登録され，通常の放送大学学生同様に，通信指導，および，単位認定試験も受けている。それらの得点，および，受講前と受講後の質問紙調査結果に基づいて，高校生の放送大学授業の受講に関する問題点が検討された。

　対象とされた科目は，理数系の一部に限定されており，受講生は総じて，理数系科目を得意とし，履修科目は関心をもって最後までやり遂げたい意欲をもって臨んでいた。しかし，実際の学習活動においては，高校の学習もあって，ほとんど放送を視聴できなかった受講生も少なくなく，放送授業を視聴できたとしても，その難解さを訴える受講生も多かった。単位認定試験の合格率は，科目登録数に対して4割弱。単位認定試験の受験者数に対する合格率は約2/3であった。質問紙調査（4段階評定方式）から，大学の学習は魅力的（平均3.07；標準偏差0.87）だが，難解（3.19；0.80）という感想が多かった。それらの評定値と試験得点とは相関がみられ，「魅力度」，「難解度」，それぞれ0.30，－0.47の相関係数が観測された。受講科目に依存する部分はみられたが，総じて，放送大学の科目を機会があればさらに履修してみたいという関心を寄せる受講生が多かった。

　以上から汲み取りきれない，個人個人の具体的な学習実態や放送大学での早

② 研究事例から

期学習に関する考え方などをより具体的に収集するために、モニター受講が終了した平成7年の夏に、各地域ごとに受講生の座談会が行なわれた。以下に、9名のモニター参加者（高校生）が、放送大学大阪地域学習センターに集まり、調査班の構成員である大学教師が進行役を務めたグループ・インタビューの発言例を紹介しておく。

【受講しての印象について】
　○君：僕は全部再視聴室、学習室の所からテープを借りていって家で聞くようにしていたんですけれども、時間がないからそういうふうな形をとってたんですけれども、ここわからんかったからもう一度見直しとかしてたら、まあ、一回聞くのに2時間から時には4時間くらいかかるときがあって、もう受けた後がもう死にそうになるんです。そういうところもあって、僕の場合は最後まで聞けてないんですけれど、まあ13回くらいで今の試験受ける形になったんですけれども、それでも何かわからないところほったらかしにしたような感じだったなつというようなのがありました。質問制度とかそんなんで同封のハガキ何かに書いて送ったらいけるとかありましたけど、その時間もなくって、どっちかっていうと学校の方に時間をとられているという感じが強かったんで、集中して学習することがどうもできなかったのがそれが残念です。

　この発言のように、インタビューでは、どのような学習を行なっていたかということが具体的に浮き彫りにされる。45分の一回の授業をくり返し見直して、2～4時間かけて勉強する学習形態は、モニター受講生としては一般的といえるものではないだろうが、高校の学業との両立を図るなかで、なかなか質問制度なども利用しにくいといった実情も把握できる。このような点は、量的な調査では往々に見逃されてしまうことになるかもしれないところでもあり、インタビュー調査ならではの情報といえるだろう。

【大学教育内容の早期学習について】
　○君：さっきこの放送大学の授業を受けたことによって、大学の入学の時にプラスアルファになるっていう話が出たんですけれども、そのためにだったら、放送大学は高校生には絶対開放してほしくないんですよ。そうなったら、とにかく何でもいいから大学に行こうと思っている人は絶対に形式的な必要だけで授業をとってくると思うし、放送大学を楽に単位が取れる手段の一つとしてしか使わないと思うんですが……。

僕は，訳もわからず大学へ行くというのがいやで，とにかく何か目的をもってすべてのことをしたいと思っているから，さっき放送大学のために受験勉強の時間を削られる，って話があったんですけれども，そういう見方もあるでしょうが，いろいろな知的興味がある人だったら，自分の本当に好きなことを高校時代から受験勉強にとらわれずやるということはすばらしいと思う。
　Ｉ君：僕は放送大学でやったことが大学入試へのプラスアルファになるっていうんだったら，やっぱりさっきみんな言っていたように，本当に楽するために形式だけで取るという人もいると思うんですけれども，大学に入ってから後の単位になるっていうんだったら，高校とか中学とかの若い人がどんどん先取りの学習をしていくことの促進みたいになって，それはそれで意味のあることじゃないかと思います。だけど現実問題として，僕なんか，やっぱり普段の授業とかクラブで結構忙しいし，もし仮に大学に入る以前の単位を，大学の単位として認定してもらえるとしても，高校の間に取れる単位の数なんてたかがしれているから，あまり魅力を感じないんじゃないかと思います。

　グループ・インタビューの特徴は，これらの発言に見られるように，他者の発言をふまえて，その観点では，自分はこう思う，けれども，こういう見方もできるから，自分の意見はこうだというように，参加者が相互に刺激しあいながら，発言を発展させていける点にある。たとえば，「大学への早期入学」に関して，高校生の視点からすると，大学の授業は「受験」にも役に立つからよいといった意見が出る。それに対して，「受験」を念頭におくのなら早期学習は意味がないという逆の意見も出る。しかし同時に，自分の好きな勉強を進められる点はすばらしいという別の観点からの見方も披露される。さらに，大学の単位が取れたとしても，高校の学習と併行してでは量的にも限界があるのであまり魅力はないのではないかといった意見も出て，多角的な意見を収集していくことができる。個人のインタビューや，質問紙調査では，こうした新たな観点からの見方を多様に引き出していくことは容易でなく，それが可能となるというところが，グループ・インタビューの醍醐味ともいえるだろう。

③ 発展学習のための参考書

社会調査

　社会調査は，社会事象を対象とした調査であり，人間の内面を追究する心理学における調査とは，基本的な違いがあるといってよい。しかし，人間の心理は，それを取り巻く社会から多大な影響を受けており，心理学の研究においても，社会的な事象をとらえる必要は決して小さなものではない。また，逆に，社会事象を追究する際に，その担い手である人間の心理的総体として社会事象をとらえるアプローチも有力であり，そのように多角的に研究の枠組みを広げていく姿勢は今後ますます望まれていくことでもある。

　「社会調査」という枠組みにおける面接手法は，心理学におけるそれと基本的には相通ずるものがあるが，目的が社会事象にあることもあって，基本属性や，いわゆる「5W1H」といった表面的に観測される事実を問うことがベースとなる。もちろん，そこから内面的な意識を探ることも，目的によって，さまざまなレベルで行なわれることになる。

　社会調査における面接手法については，以下にごく基礎的な解説がある。

●高橋一男　1996　インタビュー法　岩永雅也・大塚雄作・高橋一男　社会調査の基礎　放送大学教育振興会

グループ・インタビュー

　教育などの実践研究では，研究的な統制を行なうために，研究対象を実践から切り離すことで，まったく異なった状況をうみ出すことにもなり，統制されない実践的な活動の情報を直接活用せざるを得ない場合も少なくない。たとえば，先の事例調査で見たように，調査研究として自覚的に位置づけられていなかったとしても，座談会といった形式で対象者の意見を集め，それが調査の補強として利用されることもあるし，また，その討論のプロセスからうみ出された提言が，時によっては，続く教育実践に実質的に活かされていくということもあるだろう。

　ただし，研究的にグループ・インタビューを利用していく方法は，必ずしも容易ではない。まず，「研究」の枠組みで処理し得るデータを被調査者からいかに引き出すか，そのための進行方法，質問の組み立て方は，事前に十分な準

第2部　調査的面接法の理論と技法

13章　調査的面接法の実習：グループ・インタビュー2

備が必要になるだろうし，また，被面接者どうしのインタラクションが，個々の被面接者の内面とその表出にどのような影響を及ぼしているのかにも留意していく必要があるだろう。その点に関しては，収集された面接結果（プロトコル）に対して，いわゆる「質的」なデータ分析手法をいろいろと試みていくことになるが，いずれにせよ，教育や心理学の領域でグループ・インタビュー法がさらに活用されるためには，それ自身に固有の分析手法がある程度定式化されていく必要があると思われる。そのような教育・心理学研究への適用も視野に含めて，グループ・インタビュー法，および，プロトコルの分析について解説されたものとしては以下のものがある。

- Vaughn S., Schumm J. S. & Sinagub J. M. 1996 Focus Group Interviews in Education and Psychology. Thousand Oaks, California：Sage Pubulications.　井下　理（監訳）　田部井　潤・柴原宣幸（訳）　1999　グループ・インタビューの技法　慶應義塾大学出版会　1999
- 続　有恒・村上英治（編）　1975　心理学研究法11面接　東京大学出版会
- 海保博之・原田悦子　1993　プロトコル分析入門　新曜社

大学授業の改善

　高等教育の改革として，大学の自己点検・自己評価，大学教員のファカルティ・ディヴェロプメント（FD），学生による授業評価調査など，さまざまな試みが全国的に行なわれるようになっている。このような活動に関する一般書籍も数多く出版されるようになっており，比較的容易に入手することが可能である。「授業の改善」については，さまざまなタイプの授業に関して，いろいろな工夫が試みられた事例を集めた以下の書籍を取り上げておきたい。授業の改善は，教育心理学的理論そのものがその背景にあり，本書はその視点で各種事例を整理しているのがひとつの特徴でもある。また，何よりも，学生の視点からでは見えない，教師の努力の一端を知っていただき，「授業」というひとつの生きた存在のなかでどのようなことが起こっているのか，教師・学生共に，「授業」そのものを考えてみる土台にしていただければと思う。

- 伊藤秀子・大塚雄作　1999　ガイドブック・大学授業の改善　有斐閣

コラム⑮ マーケティング実務におけるグループ・インタビュー

　企業のマーケティングの目的は，顧客満足と利益創造である。言い換えればマーケティングとは，継続的な顧客創造活動のことである。そのプロセスの中にグループ・インタビューを含む調査がある。マーケティング調査は，自社を存続させうる顧客や社会，市場の変化やニーズを読み取り，マーケティング（企業活動）に反映していくためのものといえる。

　われわれ広告代理店のマーケティング部は，クライアント（顧客企業）のマーケティングを支援することが仕事である。調査活動をする際に気をつけなければならないことは，クライアントが求めていることは，あくまでマーケティングであり，調査の結果が求められているのではないということだ。クライアントはマーケティングに生かすことを目的に調査を実施するわけであり，課題に解決の方向を示し，実行計画につなげていくことが重要なのである。「こんな結果が出ました」「どうしたらいい？」「さあ？」では調査にかけた費用は無駄になるだけである。理解する調査から行動するための調査が求められるゆえんである。

　グループ・インタビューの実際については，はずしてはならないポイントがある。マーケティングのための調査であることから，まずは調査の目的が明確になっていないといけない。「何か調査でも」，ではなんとも心もとない。まず，調査の目的があり，明らかにすべき課題を整理することが第一のポイントになる。その後はじめてグループ・インタビューなどの調査技法が選択される。最近は，質に対する情報への関心の高まりから，グループ・インタビューが増加傾向にあるが，理解しなければならないことは，調査課題の性格によって技法が決まるということである。二つ目には，事前準備段階がポイントになる。なかでも調査設計は大切な仕事であり，知恵が求められる。どのような対象者に，何を聞き，何を明らかにすべきかを事前に吟味，整理し，インタビュー・フローを設計する必要がある。いざ出席者が集まり，熟練した司会者（モデレーター：進行役）がうまく話を引き出してくれたとしても，設計の段階で課題が明確になっていないとしたら，結果は見るまでもないことである。グループ・インタビューの場合，2時間という短い時間の中で1回1回が手づくりに近い状態の調査のため，設計に柔軟性が求められるところである。どの調査にも言えることだが，調査設計はマーケティングのスタートラインであり，大切な業務であるが，グループ・インタビューの場合とくに注意を要したい。

（小林正明）

14章 調査的面接法の実習：面接法から質問紙法へ

1 折衷的方法のすすめ

　調査的面接法の大きな特徴は，面接者が直接的に回答者（被面接者）に対面して，相互の言語的あるいは動作的なやりとりを行なうことにある。この方法によると，面接者は臨機応変に質問を追加することができるから，工夫によっては相当に詳しく聞き取りを行なうことができる。面接者のすぐれた技術によって，その量や質はそうとうに異なるものになる。

　このことを明らかにするために別の領域の例を考えてみよう。最近の学校のテストでは，マークシート形式を代表とするような客観的テストが多い。データ収集についてみれば，これは質問紙調査法のようなものにあたる。客観的テストによって学力を調べることと質問紙調査法によって意識や考えを調べることとは，調査者・研究者が準備したテストや項目にだけ解答・回答を求めるという点で類似している。他方，論文体テストや論述式の形式のテストでは基本的にはどんな解答が出てくるかは不確定である。短くて単純な感想や感情的なコメントが記述されることもあるが，こちらが予想もしなかったような論理的な議論や新奇な発想が書かれていることもある。これは，調査者・研究者が想定しなかった解答・回答を得ることができるという点で面接法と類似している。また場合によっては小論文形式での回答を求めたのち，それに基づいて面接を行なうことがあるが，これなどはさらにきめ細かな方法であるといえるだろう。

　つまりは，こういうことになる。研究者が準備不足で未熟な内容の質問紙調査を計画したとするならば，それは，もっと掘り下げて追究できたはずの回答を収集する機会をみずから閉じてしまうことになる。調査的面接法ではこれを防ぐことができる。ということは，調査的面接法によって得られた深い特徴的な内容を，さらに質問紙調査法によって広く検討していくことも有効である。同一テーマについて観察法，質問紙調査法，調査的面接法といった諸方法を意識的にくり返し用いることによって，より広く深く詳しく接近することが可能

となるのである。

　本章では，観察法から得られたあるエピソードについて，調査的面接法によってその周辺の関連要因を探究し，さらには質問紙調査法へとつなげていくような研究の作業プロセスを演習として追体験してもらおうと思う。すなわち，調査面接者は，あるエピソードを紹介し，それについて回答を得る。回答を分類・整理し，あるエピソードに潜む研究課題から仮説を生成したり，あるいは質問紙調査法のための質問項目の作成作業を行なう。

② 演習課題　「実習生の対処行動の方略を調べる」

手続き　この演習では仮想的な模擬場面を想定する。したがって，回答者（被面接者）はある立場にたったらどうするかという仮定に基づいた回答を求められる。場面は，学校の教育実習生とその指導教官のやりとりである。もしも，実際に教育実習に行った経験のある者が回答すれば，さらに現実感が生まれるだろう。

　手順としては2名がペアになる。この2名で面接場面を模擬演習する。1名は面接者になり，もう1名は面接を受ける人（回答者，被面接者）になる。

　次のような手順で進めてみよう。用意するのは，次ページの「課題」および回答用紙だけである。手順と留意点は次のとおり。

①面接者は以下の課題を回答者に読んでもらう（3名で行なう場合には面接者が読み上げるとよい）。
②面接者は，少なくとも，以下の4点についての意見や考えをきく。
　　質問1　この教員は，どんな性格，考え方の人だと思いますか？
　　質問2　この実習生は，どんな性格，考え方の人だと思いますか？
　　質問3　あなたが実習生なら，どのような行動をとりそうですか？
　　質問4　どうしたら，このような決裂を回避できるでしょうか？
③できるだけ自由な雰囲気で，さらに実習生になったつもりで回答してもらうように努めること。

第2部　調査的面接法の理論と技法

14章　調査的面接法の実習：面接法から質問紙法へ

課題（状況設定）

次は，ある学校へ大学生が教育実習に出かけて，そこで起こったエピソードです。あなたは，この実習生になったつもりでよく読んで（聞いて），場面を想像してください。では，いくつか，おたずねしますので，思った通り自由にお答えください。

教　員「なんだ，その態度は」
実習生「……，そんな言い方をしなくても」
教　員「そんなことでは，いい教師にはなれないぞ！」
実習生「（どうせ教員採用試験には受からないし）私は，教師になるつもりはないんです」
教　員「そうなのか。教師にならないなら，実習は無駄じゃないか。やめたらどうだ」
実習生「なんだ，偉そうに。（どうせ教師にはなれないのだから，こんなところで我慢しててもしかたがない）もう辞めてやる！」

記録方法　以下の用紙に，面接の記録を書き込もう。

日時　　　　　　　　　場所　　　　　　　　　　　　　　　　　　　［個票］
面接者名
被面接者名（回答者名）
面接者による4つの質問
［質問1］この教員は，どんな性格，考え方の人だと思いますか。
　・
　・

［質問2］この実習生は，どんな性格，考え方の人だと思いますか？
　・
　・

［質問3］あなたが実習生なら，どのような行動をとりそうですか？
　・
　・

［質問4］どうしたら，このような決裂を回避できるでしょうか？
　・
　・

［その他の気づき］
　・
　・
　・

2 演習課題 「実習生の対処行動の方略を調べる」

結果の整理　ここでは，対人的なトラブルで困った場面について着目し，おもに①②の2つの観点から結果をまとめてみよう。

①調査的面接法から質問紙法へ

　質問3に関する回答をみて，演習クラスなどから得られた各回答について，類似するものどうしをまとめ，不明確な場合には質問4を含め，それらを基にして後の質問紙法のための質問項目を列挙してみよう。困った場面における対人的な対処行動に関する質問項目を作ろう。表13-2に一例を挙げておく（分類は必ずしも必要ない）。

②対処行動のパターン分類—記述し仮説を生成するために—

　今度は別の角度から検討する。質問項目を収集するのではなく，主観的にケースごとの対処行動のパターンをとらえて回答者自身の考えや人物をみていく。

　他の面接ペアとの間で，お互いの回答を見せ合い，このエピソードに出てくる教員，実習生の2名の人物像についてイメージを作っていく。回答者間の相互のイメージは必ずしも同じではないので，この話し合い作業によって，自分とは異なる見方のあることを実感することができるだろう。

　大野木（1999）の報告からいくつかの事例を紹介しておくので，これとくらべて違いを考えてみるのもよいだろう。

ケース1（Aさんの場合）

［質問1］この教員は，どんな性格，考え方の人だと思いますか。

　根っからのまじめ，相手に対してしっかりしたことを望んでいる。口では厳しいが相手に頑張ってほしいと思っている。

［質問2］この実習生は，どんな性格，考え方の人だと思いますか？

　弱気である。初めからヤル気，意欲がない。自己中心的で感情をおさえられない。

［質問3］あなたが実習生なら，どのような行動をとりそうですか？

　自分が悪いということを認識し，素直に謝る。そして，次はしっかりやろうと良い方向に考えて教育実習に取り組む。

第 2 部　調査的面接法の理論と技法

14 章　調査的面接法の実習：面接法から質問紙法へ

［質問 4］どうしたら，このような決裂を回避できるでしょうか？
　　教育実習ではこのように言われるのは当たり前である，ということを常に頭の中に置いて，逆に誉められるまで頑張ろうということを強く意識して取り組むべきである。

ケース 2（B さんの場合）

［質問 1］この教員は，どんな性格，考え方の人だと思いますか。
　　古風な考えの持ち主で，今の若者がわからない人。自分は偉いと思っている。自分がすべて正しいと思っている人。
［質問 2］この実習生は，どんな性格，考え方の人だと思いますか？
　　投げやりで，すぐに頭に血がのぼる人。望みのないものはすぐに切り捨てる人。
［質問 3］あなたが実習生なら，どのような行動をとりそうですか？
　　とりあえず言われるままに我慢する（限界まで）。学校の外で，ストレスを解消させる（遊びに行ったり好きなことをして，なるべく考えない）。
［質問 4］どうしたら，このような決裂を回避できるでしょうか？
　　目立つ態度をとらないようにする。怒られそうなことは止めておく。目の前でいわず，陰で言い返すがばれないようにする。

　以上のうち，最初のケース 1 の実習生は，先生の指導上の処理が適切であり実習生がよくないとし，実習生は助言に従って素直に前向きに努力精進するべきであるとしている。誠意型とでもよぶべきタイプである。次のケース 2 の実習生は逃避型である。自分にとって困難な事態では，事情が好転するまでやり過ごして待とうとするタイプであろう。

　続いて，自分なら実習生としてどうするだろうか，それはどうしてかといった点を討論しながら事態のシナリオを考えてみよう。このシナリオ作成では，ひとつの最良な結末のシナリオを作るのが目的ではない。あらゆる事態の洗い出しを行ない，それに耐えうるシナリオのオプションを網羅的に作成

していくことに力点がおかれる。これによって，事態の理解を深めていく。すると，有力な心理学理論との関連性に気づいたり，そうでなくても以後，より網羅的な質問項目の作成が進んだりすることがあるだろう。

③ 関連する研究事例から

> 大野木裕明　1999　教育実習生のシナリオ・プラニング　福井大学教育実践研究　**24**, 15-27.

上記の教育実習生の問題場面についての演習課題を，A大学教員養成系学部の3年生298名に実施したところ，以下のような回答がみられた。

回答からは，大きくは3つの対処行動群が認められた（表14-1）。第1群は，トラブルに対して，何らかの積極的な手だてによって具体的に解決あるいは打開・収拾を図ろうとする行動である。これには2つあって，その1つは論理的解決型とでもよぶ方略で，「冷静によく話を聞いて，自分が間違っていないと思ったら反論し，自分の態度が悪いと思ったら素直に謝る」といった回答にみられる。もう1つは，情緒的収拾型とでもよぶような方略であり，これは，「ほかの人に聞いてもらい，その人から取りなしてもらう」など，必ずしも論

◯表14-1　実習トラブル対処法の回答のタイプ分け（大野木，1999）

第1群	直接的解決の方略（交渉による） 　トラブルに対して，何らかの積極的な手だてによって具体的に解決あるいは打開・収拾を図ろうとする行動。 ・論理的解決型　冷静，論理的に，情報収集し解決をめざす。 ・情緒的収拾型　論点にシロクロの決着をつけず，情緒的，調和的にあいまいに事態の収拾を図る。
第2群	間接的解決の方略（非交渉による） 　教師からの好意的な評価を期待する行動。 ・誠意表現型　相手との直接的なやり取りは回避し，仕事に没頭する姿をみせて理解を期待する。 ・表面服従―内心反抗型　表面的には相手に従うが内心は批判的な考えのままで表面的に従う。
第3群	非解決の方略（非交渉による） 　教師との関わりが希薄で一定の離れた距離を保とうとする行動。 ・合理化・マイペース型　そっちはそっち，こっちはこっちといった没関与行動をとる。 ・無気力・逃避型　積極的に別のことを考えたり，なるがままにまかせる。

点にシロクロの決着をつけるというのではなく，どちらかというとあいまいに事態の収拾を図るような回答である。いずれも解決の見通しを含んだシナリオである。

　第2群は，教師からの好意的な評価を期待する行動方略である。つまり，自分をわかってもらう，認めてもらうために，仕事に没頭することで解決を図ろうとする。「教員とはうまくやっていきたいし，気まずくなるのは嫌なので，この例のように反抗的な態度は絶対とりたくない。注意をされたら素直に聞き，こちらの言い分は穏やか，控えめに述べ，誠意を示す」などのような誠意表現型である。もう1つは，表面的には従うが内心は不満であり批判的な考えのままで心理的なバランスをとろうとする行動である。これは，「おとなしく謝っておく。陰でグチる」といった回答にみられるような表面服従―内心反抗型である。いずれも，相手が絶対的な存在であるとして，謝罪によって相手の寛容を期待する無条件降伏に近く，交渉の余地をもたないシナリオである。

　第3群は，教師とのかかわりが希薄で一定の離れた距離を保とうとする対処法である。これも少なくとも2つあり，その1つは，合理化・マイペース型であり，これは，「社会に出たら，もっと変なことがいっぱいあると聞いているから気にしない」のように，そっちはそっち，こっちはこっちといった没関与型である。もう1つは，無気力・逃避型であり，これは，「時期がくれば収まるから別のことを考えて過ごす」など，なりゆきにまかせる対処法である。これらは，関係の修復は意図しないシナリオである。

　以上をまとめると表14-1のようになる。なお，これらは，主観的な分類の試みであり，2つの型にまたがっている回答もあった。また，これはあくまでも分類の一例であり，まったく別の観点から分類を試みることも可能であろう。

　また，質問項目作成にあたっては，必ずしも分類案に対応しそうな項目を意識しないこと。

④　発展学習のための参考書

　ここで取り上げた質問項目の収集法は，日常の観察や調査的面接法によってテーマを絞り，関連する諸問題や要因を探っていく部分が強調されている。観

● 表14-2　質問項目作成のためのリスト（大野木，1999）

質問項目作成資料とするため箇条書きに統一したもの（多少の重複はそのままにしてある）。

（論理的解決型）
・自分でこじれる原因を見つけて，わかったら反省して改善する。
・感情的にならずに冷静に説明してわかってもらうようにする。
・何が悪かったのか教員に聞き，反省すべきと思ったら反省する。自分の考えと違ったらそれを言い，意見を聞く。

（情緒的収拾型）
・自分が気づかず相手にイヤな思いをさせることがあると思うので，ソフトに聞いてその場をおさめる。
・自己主張はするが，礼儀を失わないようにして相手が目上であるという意識を持つ。相手の立場も理解しようとする。
・ほかの人に聞いてもらい，その人から取りなしてもらう。

（誠意表現型）
・素直に受け答えしたい。教育実習中は教員をめざすという気もちで頑張る。
・教員とはうまくやっていきたいし，気まずくなるのは嫌なので，この例のように反抗的な態度は絶対とりたくない。注意をされたら素直に聞き，誠意を示す。
・くやしいからすごく頑張って見返してやる。

（表面服従―内心反抗型）
・相手の先生が評価するので我慢して頑張り抜くしかない。
・心の中で反発的な思いをもちながらも，実際教師に向かってこのような言動は性格的に言えないと思う。
・その場で「ハイハイ」聞いて，内心では「こんにゃろー」とか思っている。だが，態度にあらわしたらこっちの負けだから絡まれないようにする。

（合理化・マイペース型）
・今の経験はためになると思うことにする。実習させてもらった経験は社会に出ても役立つと考える。
・社会に出たら，もっと変なことがいっぱいあると聞いているから気にしない。
・なるべく私的な感情は出さずに事務的に事を処理する。実習は限定された期間，時期のみのことなので，互いの忍耐も必要。

（無気力・逃避型）
・先のことをあまり考えないようにして過ごす。
・時期がくれば収まるから別のことを考えて過ごす。
・やる気がなくなってどうでもよくなる方なので，もう辞めてやるって言うと思う。だけど，辞める勇気はないから実行に移すことはできず，無気力のまま実習を続ける。

（その他）
・落ち込んで神経質になると思う。
・教員の弱みをにぎる。
・混乱して黙ってしまうと思う。

＊型は，項目整理作業の分類見出しとして，暫定的に立てたものである。

察法についての手順や，より一般的な質問紙調査法については，以下の本がわかりやすいだろう。

- ●中澤　潤・大野木裕明・南　博文　1997　心理学マニュアル観察法　北大路書房
- ●鎌原雅彦・宮下一博・大野木裕明・中澤　潤　1998　心理学マニュアル質問紙法　北大路書房

　本章で扱ったエピソードは，実際に学校の教育実習場面で発生したイザコザをかなり単純化して脚色し，それを問題場面あるいは状況設定問題としたものである。現場における観察から研究仮説を生成したり，現状分析力や問題解決力をみるテストとしては，医師や看護婦（士）の国家試験問題でいうところの状況設定問題がある。これらを概観することによっても，問題の設定法や着眼法が参考になるだろう。

　本章では教育実習生が指導教員とどううまく折り合いをつけて困った場面を切り抜けていくかを扱った。ここでは，表13-1のような分類を例示したが，これは研究者の関心や現場からの必要性に大きく依存する。これ以外の分類の視点として以下を一例としてあげておく。

- ●日本健康心理学研究所　1997　ラザラス式　ストレスコーピング　インベントリー［SCI］　実務教育出版
- ●山勢博影　1995　危機的患者の心理的対処プロセス―危機対処モデルの作成―　看護研究　28，443-452.

引用文献

大野木裕明　1999　教育実習生のシナリオ・プラニング　福井大学教育実践研究　**24**，15-27.

コラム⑯ 入社面接について

　入社面接は個人が会社に入社する際に行なわれる面接である。会社側からは採用面接であり，会社に必要な人材を見極め，選抜する手段の一つである。大沢（1989）は採用面接を「一定の環境に相対した面接者と志願者が主として言語を媒介とした質問と回答の過程により，志願者の性格，態度，考え方などを総合的に判断する人物評価の手法」と定義している。

　採用においては，書類審査（履歴書，推薦書など），知識検査，適性検査，性格検査，実技審査，グループワークによるアセスメント，面接審査など，いくつかの方法を組み合わせて，多面的にその人物の特徴をつかむ工夫がなされているが，これらの方法のうち，ほとんどの企業が面接審査を行ない，その結果を重視しているのが現状である。

　採用面接の実際としては，人事担当者や先輩社員がまず面接を行ない，順に上職位者の面接に進む。最終的には，役員クラスの面接を受ける場合が多いが，最近では，人事担当者や先輩社員の面接が実質的に大きな意味をもっていることも多いようである。採用面接の形態としては，個別面接と集団面接がある。また，志願者が1人であっても，面接者が1人の場合と多数の場合があり，同じように集団面接の場合も，面接者が1人の場合と多数の場合がある。

　採用面接の方法には，質問項目がすでに選定されている構造化面接と，まったく質問項目が設定されず，面接者と受験者との間で自由に進められる自由面接がある（その中間の半構造化面接で行なわれる場合もある）。さらに構造化面接では，志願者の回答を一定の基準で評価するように，標準化手続きがとられていることがある。構造化と標準化が進むことによって，面接審査の問題点として指摘される面接者の主観性の問題は少なくなるが，その他の心理検査や書類に近い情報しか得られなくなる危険性をはらんでいる。また一方，自由面接では，選抜に必要な情報がほとんど得られないという結果に陥ることもあり，面接者の力量が問われる。また現在では，ほとんどの志願者が模擬面接などの訓練を受けているという現実にも対応することが期待される。

　おもな採用面接のねらいとしては，人物の総合的な評価，ものの考え方の理解と評価，性格・態度の評価，常識・専門知識の評価，面接者と志願者の情報交換などがあげられる（大沢，1989）が，具体的な面接における質問項目や判定基準などは，その会社の社風や経営方針，職務の内容，面接の位置づけなどによって，当然異なってくる。ある企業では，社内のリクルーターに対して，志願者の選考基準として「その志願者と机を並べて一緒に働きたいか」を考えるように，と指示を出している。また，役員クラスでは「最終的にその志願者を自分の部署で引き受ける覚悟があるか」が基準となっている。これらの基準

〈金井篤子〉

コラム⑯

からは，どのような企業が予想できるだろうか。

採用面接に関する研究の動向としては，採用面接の妥当性，信頼性の検討と，採用面接の成否の規定因の検討，の2つの方向性がある。まず，採用面接の妥当性，信頼性の検討では，ほとんどの研究が採用面接の妥当性と信頼性を支持していない。にもかかわらず，ほとんどの企業が採用面接を行なっている背景には，面接のもつ，面接者，志願者双方への説得性の高さなどが考えられよう。また，前述のような採用基準をもつ企業にとっては，面接は不可欠である。

採用面接の成否に影響を与える要因には，志願者の要因，面接者の要因，状況の要因が考えられる（Arvey & Campion, 1982）。当然のことながら，志願者自身がどのような人物であるかが重要であるが，志願者がどのような人物であっても，面接者がそれをどのように理解するかによって結果は異なる。また，志願者と面接者がよく理解し合ったとしても，その会社の採用人数や，必要な人物像などの外的条件によって，結果が異なることが予想される。和田（1993）によれば，これらの要因のうち，志願者の要因の研究は進んでいるが，面接者および状況の分析はあまり進んでいない。

採用面接は志願者にとっては，その会社に採用されるかどうかの，非常に重要な場面である。そのため，採用面接に臨む場合，ともすると一方的に自分を評価されている気持ちになり，十分に自分自身を表現することがむずかしくなってしまう場合がある。しかし，採用面接は採用側が志願者を評価するという，一方的な場面ではない。志願者も面接者を通して，その企業を評価するのであり，その関係は相互的であることを強調しておきたい。

■引用文献■

Arvey, R. D. & Campion, J. E. 1982 The employment interview : A summary and review of recent research. *Personnel Psychology*, **35**, 281-322.

大沢武志 1989 採用と人事測定―人材選抜の科学 朝日出版社

和田 実 1993 対人的コミュニケーション 原岡一馬・若林 満（編著） 組織コミュニケーション―個と組織の対話 福村出版 Pp. 90-104.

コラム⑰ 看護場面における初診患者への聞き取り

　看護場面における面接は，健康増進・維持，回復にかかわるものであり，患者の病気に関する知覚を客観的に受けとめようと看護者が故意にかかわる場面が多い。その中でも初診患者への聞き取りは，看護実践において重要な位置づけにある。とくに，初回面接で得られた情報は，その後の患者に対するイメージ形成に大きく影響するからである。以下は，著者らが行なっている調査の事例である。

　たとえば，「おまかせします」という患者の表現を聞いた初回面接の看護者は「楽天的でストレスを自分で対処できる人」ととらえ，その後に接した看護者も同様に患者のストレスを低くとらえる傾向がみられた。それは，とくに患者とかかわる時間が短く，記録から情報を得て行動する準夜勤務，深夜勤務の看護者にみられた。また，ある患者は「自分は死にゆく患者だから…」「他の人の座った便座には座れない」という表現を初回面接の看護者に訴えたが，看護者は「死に対する不安の強い・神経質な患者」ととらえ，ストレスを高くとらえ，その後に接した看護者も同様にストレスを高くとらえる傾向が続いた。このような傾向は他の事例でも確認された。

　つまり，最初に確立された印象は強力であり，その後に新たな情報が入っても容易には修正されにくいということである。しかも，看護者が初回面接で患者とかかわる場面は，常に予約入院のように時間に余裕があるとは限らない。緊急入院や手術後の入院など短い時間の中で，より客観的に患者をとらえることが要求されるのである。

　また，入院という新しい環境に直面した患者の知覚は，曖昧にしか表現されないことが多く，医師や看護者に迷惑をかけたくないので，できるだけ訴えないようにしようとしたり，訴えればどこか悪いところを見つけ出され，家に帰れなくなるのではないかと考える患者もいるため，患者の知覚をより客観的に受けとめることは一層困難になってくるのである。このとき，家族の存在はかなり重要である。家族は本人の気持ちを代弁して表現しようとするからである。勿論，家族の情報も家族の絆そのものや看護者の家族関係に対するとらえ方によって，かなり事実とは食い違ってくることもある。

　解釈や先入観，偏見を含めず，初診患者を客観的に把握することはなかなか困難であるが，初回に得られた情報を継続して確認し修正していくことや，患者や家族の言動のみでなく，ふれたり見たり聞いたりしてデータを確実にとらえ，患者の気持ちを真に知覚することが信頼関係を高めることにもなる。

（酒井明子）

15章 調査的面接法による研究の実際

1 製品開発活動におけるインタビューの利用

　複写機やファクス／プリンタ等，オフィスで使用される事務機器は近年その性能が著しく向上するとともに多機能化や複合化が進み，ユーザーの操作も複雑化しつつある。そんななかで機器の使いやすさ（ユーザビリティ）は製品品質上の重要な要素となってきている。したがって製品開発プロセスのなかでいかにユーザビリティの作り込みを行なうかがメーカーにとって重要な課題となっている。

　ここではある会社における事例をもとに，製品開発，とくにユーザビリティ評価におけるインタビューの応用例を紹介する。

製品開発プロセスと評価

　製品開発のプロセスは企画／設計開発／製品導入の3つの工程に大別できる。(図15-1) 事務機器の場合，設計開発工程のなかで完成度に応じて設計と試作評価の小さなサイクルが何回かくり返される。また製品導入後は市場から得られた要望やクレームなどのフィードバックが次の企画工程に反映されていくという形をとるため，

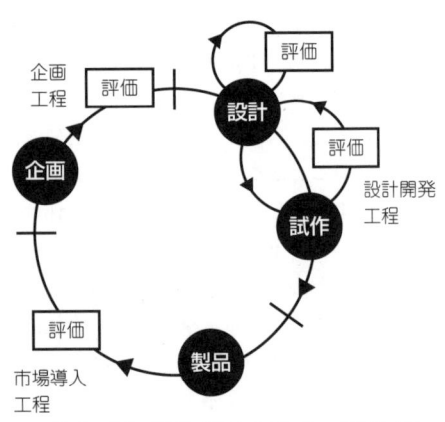

●図 15-1　製品開発プロセスとユーザビリティ評価（ユーザビリティ評価の円環）

これら3つの工程はより大きなサイクルを形成しているといえる。設計開発工程における試作評価ではプリントの画質や，故障なく動作するかといった機器自身の性能にかかわる評価の他に，人間にかかわる部分，すなわちユーザビリ

ティや安全性に関する評価が行なわれ，その結果が改善要求の形で次の試作設計へと反映される。従来ユーザビリティ評価は設計開発工程にその主体を置かれてきたが，本来は企画／設計開発／製品導入の各工程のそれぞれにおいて行なわれるべきである。たとえば市場導入された商品を実際の使用現場で観察し，得られた内容を次の企画に反映する，あるいは立案された企画内容に対する仕様レベルの評価を開発スタート時に行なう等，近年は設計開発工程以外の評価も実施されつつある。

次にある会社において開発工程の中で実施しているユーザビリティ評価の内容について簡単に紹介する。評価の手法としては，ガイドラインによる評価，ヒューリスティック法（Heuristic Evaluation），そしてユーザテストの3つが使い分けられている。ガイドラインによる評価は，評価担当者がユーザビリティの設計条件を定めたガイドラインを参考に試作機を評価，問題を発見するものである。ヒューリスティック法では評価担当者のほかに設計者やデザイナー等，複数の評価者がシミュレーションモデルや試作機を操作し，各人の経験則と定められた指針をもとにセッションを行ないながら評価を行なう。ユーザテストはあらかじめ設定された課題（タスク）を複数の被験者に試作機を用いて実施してもらい，操作をまちがった場所や原因を発見するもので，最も基本的な評価手法として位置づけられている。

ユーザテストにおけるインタビューの役割

ユーザテストによる評価は発話データの収集（プロトコル分析）やビデオや肉眼による観察にその主体が置かれている。しかし目的とする事象によっては観察だけでは抽出できない場合や，分析するのに非常に時間がかかる場合もある。一方開発中の製品評価は開発スケジュールとの関係から，ごくかぎられた時間の中でテストを実施し，結果を提出する事が要求される。テストを実施したその日のうちに速報を求められる場合も少なくない。こうした状況では「被験者が何を見てどのような考えのもとに操作を行なっているか」というデータを得るのに，その場の観察や発話とビデオ記録の解析という手法だけでは対応しきれない場合も多い。そこで課題終了後，インタビューによって被験者がタスク中に認識／思考した内容を聞き取り，観察によって得られるデータを補完あるいは一部を代替することが行なわ

れる（事後インタビュー）。たとえば機械の表面に貼られる操作説明ラベルの効果を評価する場合，まず課題実施中の目視による観察で被験者がそのラベルを見ているかどうかを大まかに把握し，課題後のインタビューによってそのラベルのどの部分を見たか，どう判断したかという詳細な部分を補完する。実際に被験者がどこを見ているかについてはたとえばアイカメラ等の計測機器を用いた方がより直接的なデータを得る事ができるが，紙詰まりの除去操作など被験者が機械の周りを移動する課題には対応しにくいのと，機器装着による被験者への負荷が発生する。またラベルを見て被験者がどのように思考したかに関しては，操作中の発話内容やビデオによる行動記録の分析により推測する方が面接者の誘導や，事後の記憶の変形の影響が入る危険は少なく，被験者のメンタルモデルにより近いデータを得る事ができる。しかし被験者によっては必ずしも充分な発話や行動記録が得られるとは限らず，また分析にも時間がかかる。このような点から，かぎられた条件の中で評価結果を出すためには，インタビューと観察の組み合わせという手段をとる場合が多い。

インタビューにおける留意点　先にも述べたようにインタビューはあくまで観察の補完的位置づけで行なわれる。被験者を誘導するような要素を可能なかぎり排除し，かつ効率的に話を引き出すといったスキルが面接者に要求される事はもちろんであるが，そうしたうえでも被験者の発言をそのまま受け入れることはできない。事後の発言の背景には思い込みや遠慮，また記憶の変形などがある事を十分認識したうえで，観察によって得られた結果と照らし合わせながら判断していくことが重要である。

またユーザテスト全体に言えることであるが，被験者は実験に参加するという意識から緊張している場合が多く，そのままでは現実に則した評価結果は得られない。また被験者は実験により自分が評価されていると考えがちで，操作できないことを恥じたり隠したりする場合もある。実験の開始にあたっては，機械の問題点を見いだすという実験の目的をわかりやすく伝えたうえで，日常的な会話を含めるなどして被験者を十分にリラックスさせ，ラポールを形成させる工夫が肝要である。

1 製品開発活動におけるインタビューの利用

インタビューと観察を組み合わせたユーザテストの実例

以下，実際に行なわれた複写機のユーザテストの例を通じて，インタビューの用いられ方を紹介する。複写機にはトナーとよばれる黒い粉末をボトルやカートリッジで定期的に補給するという作業が必要である。ある大型機開発中にトナー用ボトルの機械へのセット方法がわかりにくいという問題が発見され，操作説明ラベルや機械側受け部形状の改善策を試作機に導入した。問題の一つにボトルの向き（前後）をまちがえるというものがあり，改善の為に操作説明ラベルの内容に，向きに関する説明を加え，また貼付位置をボトルの側面から前面に変更した。また機械側の受け部に関しては形状による誘導を意識したデザインに変更した。

これらの効果を確認するために新旧のボトルをセットする操作を課題としたユーザテストを実施した。実験に先立ち発話のしかたに関する簡単な練習を行ない，操作状況を目視による観察とともにビデオで記録した。課題実施中は被験者がどこを見ているかに注目し，課題終了後のインタビューで，たとえば操作説明ラベルの中のどこ（文章，説明図）を見てセット向きを判断したか，あるいは課題実施中の「ここに合わせてセットするのかな？」といった発話に対してセット部周辺のどこを見てそう考えたのか等についての聞き取りを行なった。聞き取りにあたっては被験者に場所を指し示してもらうという方法をとった。実験の結果，新しいボトルの方がセットのまちがいは少なく改善の効果は上がっていること，ボトルの向きに関しては「この面を前に」といった言語表現や矢印といった内容ではなく，ラベルが貼ってある面を自然に手前と判断していること，セット部の形状は位置合わせに重要な情報となっていること等が確認され，さらに改善を加えたデザインを量産機に導入した。

他の工程におけるインタビューの応用

今回は設計開発工程の中で実施しているユーザビリティ評価について述べたが，冒頭にもふれたように，評価は本来企画／設計開発／製品導入の各工程のそれぞれで行なわれることが望ましい。製品導入後に行なわれる実際の使用実態の評価や企画作成段階での調査などで，インタビューはより重要な評価手法として位置づけられている。

② 目撃証言

面接において注意すべき点

　記憶にもとづく目撃内容の報告を，ここでは広く目撃証言とよぶ。目撃証言は記憶実験の再生，再認にもなぞらえることができる。しかしストレスの高い状況で権威者によって行なわれる面接は，中立的な記憶実験とは異なり，しばしばバイアスのかかった証言を生み出す。誘導や質問のくり返しにより，子どもが実際にはなかったできごとを語り出すことを示した実験は多い（仲，2000等を参照）。また大人でも，問いつめられたりあらぬ補強証拠を見せられたりして，虚偽の証言を行なうことがある。偽りの記憶症候群（実際にはなかった性的虐待や悪魔儀式による虐待の記憶を語り出すという事例）も，不適切な面接に負うところが多いといわれる（たとえば Loftus & Ketcham, 1994）。本稿の目的は，正確な情報をより多く，バイアスのかかった情報をより少なく想起してもらうための工夫や注意事項を認知心理学的観点から述べることである。

　目撃証言を得る手続きは，(a)できごとや人物（被疑者等）に関する言語報告と，(b)人物の同定に分けられるが，各手続きに入る前に，共通して注意すべき点について述べる（Cutler & Penrod, 1995 ; Poole & Lamb, 1998）。

- 迅速な面接：時間が経つと目撃者の記憶が薄れるばかりでなく，他の情報源からの干渉や記憶の変容が進む。また時間が経つほど，誘導や誤情報の影響も高まることが知られている。できるだけ早く面接を行なわなければならない。
- 目撃情報の保全：目撃者どうしのコミュニケーションを禁止し，記憶が他者からの情報によって汚染されることを防ぐ。
- 二重盲検法：面接者ができごとや人物について特定の仮説，期待をもっている場合，質問のしかた，表情，動作などによる誘導が生じやすい。これを避けるため，面接はできごとや犯人像について先入観をもたない第三者が行なう。
- 面接のルールの説明：面接者は目撃者に以下のことを伝えなければならない。面接者は「答え」（特定の仮説や犯人像等）を知っているわけではないこと；嘘はもとより，推測や憶測によって答えてはいけないこ

と；覚えていない場合には「覚えていない」、「わからない」と答えるのが適切であること；面接の手続きや質問の意味がわからない時はたずねるべきであること。また子どもの目撃者の場合、真偽の区別や事実と推論の区別がよく理解されていないことがある。確認や練習が必要かもしれない。たとえばプールら（Poole & Lamb, 1998）は、「（手にペンを持ちながら）もし私（面接者）が手にボールを持っていると言ったら、これは嘘？　本当？」などと問うことで、子どもに真偽の区別をさせる手続きを紹介している。このような手続きを「真偽の儀式」という。

- 質問のしかた：閉ざされた質問（クローズクエスチョン：AでしたかBでしたか等）を避け、開かれた質問（オープンクエスチョン：いつ、どこで、だれが等）を行ない、答えの範囲が限定されないように気をつける。
- 面接者の反応：中立でいること。バイアスのかかった反応を控えること。複数の解釈をもち続けること。
- 目撃時の状況：目撃条件（明るさ、時間、偶発的か否か、傍観者か被害者か）や保持条件（目撃してからの時間経過、他の情報との接触）等は目撃証言の信頼性に影響を及ぼす。これらの要因について情報を得ておく。
- 手続きの可視化：目撃者からどのような情報が引き出されるかは面接方法に依存する。後で得られた情報の信頼性を吟味できるように、目撃者の同意のもとに証言の過程を録画・録音しておく。

言語報告

ここでは認知面接法（cognitive interview）（Fisher & Geiselman, 1992）を紹介する。認知面接法が従来の面接法と異なるのは、従来の方法が質問によって目撃情報を引き出そうとしているのに対し、自由再生を重視している点である。誘導質問や暗示を避け、目撃者ができるだけ自由にたくさん語れるように、記憶を思い出すための視点や手がかりを与える。認知面接は、以下の原理にもとづき行なわれる。

- 心的容量の制約：目撃者の心的容量は限られている。そのためできるだけ妨害や干渉のない静かな状況で面接に集中できなくてはならない。

- 文脈の再現：できごとは文脈とともに記憶されているので，できごとが起きた場所等の文脈を思い描くことにより，より多くの情報が思い出せる。
- さまざまな方法による検索：異なる方法でくり返し想起することで，多くの情報が得られる。質問のしかたを変える；さまざまなモダリティ（視聴嗅覚等）について質問する；できごとを生起順や逆順に語らせる；さまざまな視点（目撃者の視点，犯人の視点等）で想起させる，等の手がかりを与える。
- 複数の符号化と誘導イメージ：できごとの記憶には言語的，抽象的情報だけでなく，知覚的な情報も含まれている。目を閉じ積極的にイメージさせることで，後者を引き出すことができる。
- 目撃者の想起過程に合った質問：目撃者は一度に一つのことにしか集中できない。そのため質問をする場合は，あらかじめ決められた順序で行なうのではなく，目撃者がいま思い浮かべていることがらについて行なう。

面接の具体的なプロセスは，(a)導入（ラポールをつける），(b)自由再生，(c)プロービング（言及された情報について，より情報を求める，探りを入れる），(d)確認，(e)終了となる。とくに(c)は重要である。

(c)では，面接者は誘導的，暗示的にならないように気をつけながら，さまざまな方法で想起をうながす。たとえば目撃者にできるだけはっきりとしたイメージを描くようにうながし，そのイメージについて自由に語らせた後，必要と思われる項目について誘導的にならないように質問する。また別の角度からイメージを思い浮かべてもらい，自由に語らせた後，誘導的にならないようにたずねる。ささいなことであっても，すべての記憶が出つくすまでこのプロセスをくり返す。質問は以下のようなものとなる。

面接者：その人が一番よく見えたのはいつですか？
目撃者：椅子に座って，話しているときです。
面接者：そう。ではその人が椅子に座って話している時のことを考えてみて。目を閉じて，その人が椅子に座って話しているところをイメージしてみてください。その人のようすがイメージできますか？　それともむずかしい？

●表15-1 虐待およびその他の出来事に関する調査的面接法：構造化面接とステップワイズ面接（Poole & Lamb, 1998 を改変）

構造面接	ステップワイズ面接	注
①子どもに挨拶する ②ラポールをつける	①ラポールをつける ②できごとを二つ語ってもらう	・誕生日や外出のことなど語ってもらう。言語能力のベースラインを査定する。
③面接の目的を告げ、推測で話したり、嘘をついてはいけないことを伝える	③真実を話さなくてはならないことを告げる ④問題のできごとについての導入	・真実と嘘の区別、事実と推測の区別について、必要であれば練習を行なう。 ・導入は「なぜここに来たかわかる？」など。的を絞りたければ「好きな人、嫌いな人」などと尋ねる。被疑者や問題のできごとに言及してはならない。
④1度め：自由に語ってもらう ⑤2度め：もっとたくさん思い出してもらう ⑥質問する ⑦3度め：もう一度語ってもらう	⑤自由に語ってもらう ⑥抽象的、全体的な質問を行なう ⑦（必要があれば）細かい部分について質問を行なう ⑧（必要であれば）面接の補助道具（アナトミカルドールや絵等）を用いる	・自由再生においては、よく聞いていることを示すために、うなづいたり「ああ」と言うのはよいが、評価を含むフィードバック（「その通り、なるほど」等）は避ける。 ・くり返されたできごと（虐待等）の場合は、「いつも、どのように始まる？」というような一般的な質問から入るのがよい。 ・質問は「○○って言ってたけど、もっと思いだせる？」等の表現とする。くり返しを求める時には「言ってることはだいたいわかったけど、あまり覚えていないこともあるので、もう一度話してね。もう一回、話してくれる？」などとくり返し尋ねる理由を説明する。 ・アナトミカルドールや絵は、子どもが自由再生においてできごと（性的虐待等）を明かした後でのみ用いる。できごとを語らせるための導入に用いてはならない。
⑧終了	⑨面接を終える	・礼を述べる。また中立的な話題で終了する。後のコンタクト先等を教える。

目撃者：よくイメージできるわ。
面接者：そう。では、その人のようすを話してみてください。

 ただし認知面接法は、目撃者が協力的であり、またできごとから比較的時間が短く、知覚的な情報が保持されている時にのみ、その知覚的情報を引き出すのに有効だという指摘がある。また子どもの目撃者には、さまざまな検索方法を用いるのはむずかしく、とくにイメージを使う方法は、偽りの記憶を作りやすいともいわれる。そこで子どもにも用いることができるよう、検索方法を省いた構造化面接（structured interview）やステップワイズ面接（step-wise interview）が工夫されている（表15-1）。これらは認知面接に似ているが、面接段

第2部　調査的面接法の理論と技法

15章　調査的面接法による研究の実際

階が区別されており，段階に応じて異なるタイプの質問が行なわれる。

認知面接や表15-1の面接法は従来の方法にくらべ，正確な情報が多く，不正確な情報が少ないという成果が得られている（越智，1998）。ただし認知面接法の何がどのように有効なのかについては，さらなる検討が必要である。

人物の同定

人物の同定を求める方法には，(a)ラインアップ（面通し）：目撃者に複数の人物を見せ，被疑者の同定を求めるもの，(b)ビデオ・ラインアップ（ビデオによる面通し）：目撃者に複数の人物のビデオ画像を見せ，被疑者の同定を求めるもの，(c)フォト・ラインアップ（写真選別）：目撃者に複数の写真を見せ，被疑者の同定を求めるもの，がある。正確さは(a)が高く，次は(b)，(c)は最も低いといわれる。いずれにしてもラインアップは8〜10人以上で構成し，被疑者以外の人物（フォイル）は被疑者と類似した特徴をもつ者を用いなければならない。たとえ多くの写真を用いても，フォイルが目撃された特徴（たとえば口髭）を備えていなければ，被疑者が選択される可能性が高いからである。また写真を呈示する場合は「この中には犯人がいるかもしれないが，いないかもしれない。わからない場合には『わからない』と伝えるのが適切な反応である」旨を告げなければならない。

なお，以上の方法によっても，必ずしも正確な証言を得られるとは限らない。誤った目撃証言，とくに人違いによって生じた冤罪は多い（渡部，1992）。補強証拠のない目撃証言は慎重に取り扱うべきである。

③　スクリプト：幼児の園生活

園生活への適応とスクリプト

幼稚園や保育園に入園した幼児は，どちらかといえば家庭に限定された狭い経験の世界から，保育者や仲間など家族以外の人々とのふれあいを通じて，経験を拡大していく。ところが，園生活になかなか適応できない子どもも，とくに入園直後には少なからず見受けられる。入園当初の幼児の不適応状態に対しては，母子分離の困難さという観点から論じられることが多い。たしかに，母親という安全基地から離れ，見知らぬ他者の世界へと踏み込んでいくことは，幼児にとって大きな不安をともなうこ

③ スクリプト：幼児の園生活

とは容易に推察できる。

　しかし，それだけでなく，初めて園生活を経験する際には，園生活そのものがどのようなものであるかわからないことからくる戸惑いも大きいであろう。園では，毎日どのような活動がどのように展開していくのかを，十分にわかっていれば，園生活に期待をもったり，自分の行動に見通しをもったりすることができ，園生活をスムーズに送ることができる。園生活とはどのようなものであるかが幼児なりに理解されてこそ，園生活への適応も容易になるといえる。

　子どもが園生活について形成するであろう，そのような体系化された知識は，スキーマ，スクリプト，あるいは一般的出来事表象（generalized event representation）などとよばれている。これらはいずれも，ある個人がすでにもっている知識の体系をさす概念であり，いわゆる「常識」という形の知識の体系に近い。たとえば，ある場面（例：レストラン）で生じる時系列的な情報がスクリプトであり（例：店に入って席に座る→メニューを見て料理を決め，ウェイターに注文する→料理を食べる→レジで支払い店を出る），あたかも劇の台本のようなものである。このようなスクリプトをもっているからこそ，われわれはレストランでスムーズに食事をすることができるのである。シャンクとエーベルソン（Shunk & Abelson, 1977）は，スクリプトには，1）特定の空間―時間的文脈に適した行為と要素を含む，2）目標をめぐって組織化されている，3）時間的順序になっている，の3つの要素が含まれると述べている。

　幼児が園生活に適応するためには，園生活についてのスクリプトをもっていることが必要である。さらに，園生活のスクリプトの存在は，単に園生活への適応を保障するだけではなく，スクリプトを通じて，園での経験それ自体が子どもにとって新たな意味をもつこととなり，新たな生活経験が創出されていく契機ともなるのである（無藤，1992）。

面接によるスクリプトの測定

　スクリプトはひとつの構成概念であり，何らかの形の測定を通じてその存在が推論される。幼児のスクリプトは，どのようにして測定されるのであろうか。一例として，無藤（1982）は生活時間スクリプト，すなわち1日の活動の系列に関するスクリプトについて，1）面接を通じた対象児自身の行為の言語報告，2）他児の行為の記述，3）幼児の1日の

177

活動を描いた紙芝居の内容の再生，4）1日の活動を描いた絵カードの時系列に沿った並べ替え，などの手法を用いて検討している。このうち，言語的叙述に基づく面接法は，年少児の結果を低く見積もる危険があるが，反面，自己認識のような内面的・抽象的認識に関しても，言語を媒介とした面接法を通じて，多くの情報が幼児から得られることがわかっている（唐沢・柏木，1985）。

　面接によって園生活のスクリプトを調べる場合，幼児を対象として信頼できる資料を収集するための一般的注意事項がそのままあてはまる。まず第一に重要なことは，面接前に対象児とのラポールをつけることである。そのためには，事前に幼児の生活場面において参加観察するなど，一人ひとりの幼児の日常のようすをあらかじめ知っておくこと，面接場面で幼児がリラックスして面接に臨める関係になっていること，などが肝要である。

　また，幼児の言語能力を考慮し，面接者の意図することが理解されるように表現に注意するとともに，年齢独特の言い回しも十分に理解しなければならない。同時に，幼児は記憶力が小さいだけに直前の刺激に影響されやすい。そうした効果を除去するために，質問や刺激の呈示順序が相殺されるような手だてを講ずることも必要であろう。面接への幼児の関心と理解をうながすためには，図，絵カード，VTRなどの視覚的なてがかりを用いるなど，面接材料に工夫をこらすことも大切である。面接の所要時間に配慮すべきことは言うまでもない。このように総じて，幼児の面接資料の収集に際しては，その面接方法によってはたして所期の目的が達成され得るかを吟味するために，予備面接が不可欠であるといえよう。

　さらに，面接実施の了解手続きも重要な問題である。成人の対象者とは異なり，面接の内容や目的を幼児が十分理解したうえで，面接への同意を求めることはむずかしい。したがって，保育者に十分に研究の目的や面接の内容を説明して了解を求め，必要ならば保護者にも同様の手順を踏むことを忘れてはならない。

③ スクリプト：幼児の園生活

研究例：幼児の園生活のスクリプト

藤崎（1995）は面接によって，幼児は園生活をどのように理解しているか，すなわち，どのようなスクリプトをもっているかを明らかにしている。ただし，藤崎自身は，幼稚園での1日の流れには単一の目標を考えにくく，前述したシャンクとエーベルソン（1977）が指摘するスクリプトの3要素を満たしていないとし，一般的出来事表象とよんでいる。いずれにせよ，ここで扱われているのは，幼児が園生活について形成している体系的な知識であり，それがどのようなものであるか，その概要を以下に述べよう。

方法 対象児は3・4・5歳の保育園児である。保育園内の一室で，園児に個別面接を行なった。面接の手続きは，まず，3枚の絵カードを紙芝居のように見せて，「これは××ちゃん（対象児の名前）です。××ちゃんは，朝『おはよう』といって起きてから（カード1），朝ごはんを食べて（カード2），それから保育園にきます（カード3）」「では，保育園に『おはよう』といって来てから，お家の人がお迎えに来て帰るまで，いつも保育園ではどんなことをするのか，順番にお話ししてね」と教示した。面接者は，子どもの報告をもう一度くり返したり，相づちをうったりする。報告が途切れた時は，「それからどうするの？」とうながした。所要時間は，上記以外に給食や昼寝について詳しく聞いた場合でも，5〜15分程度であった。記録は録音したうえ，文字化した。

結果 幼児の反応は，たとえば次のようなものである。〈4歳9か月児〉「遊んでる，（それから），ごはん食べる，（それから），わかんない，（ごはん食べた後いつも何するかな），遊んでる，（それから），着替えて，ホール行って，寝る，（それから），おやつ食べる，（それから），お家帰るの」；〈6歳3か月児〉「タオル掛けて，連絡帳みたいなの押して，バック掛けて，遊ぶの，（それから），テーブル出して，先生のお話聞くの，（それから），何か作ったり，遊ぶの，（それから），給食食べて，少し座っているの，（それから），お着替えして，タオル持って，寝るの，それから起きてね，布団たたんで，着替えてから，おやつ食べてね，ごちそうさまでしたして，遊ぶの，（それから），お母さんお迎えきたら，タオルバックの中入れて，さよならして，帰るの」。

このような報告に用いられた動詞が，1つの行為の単位として扱われ，分析の基礎となっている。まず，年齢を超えた共通点として，これらの行為を述べる際，幼児は主語のない現在形の表現をすることが圧倒的に多かった。これは，幼児が行為を述べる際，自分自身の過去の経験としての具体的エピソードではなく，一般的な流れとして報告したことを示している。また，実際の園生活に照らすと各行為の時間的順序の誤りはほとんどなく，時間的に順序立ててとらえられている。これらの傾向は，すでに3歳児の段階で1日の園生活についての概括的な知識―スクリプトを形成していることを示唆している。

3歳対象児の3分の1以上に共通して見られた保育園生活のスクリプトは，「遊ぶ→ご飯食べる→寝る→おやつ食べる→遊ぶ→帰る」というものであった。これらのうち，「遊ぶ」以外は，「食べる」「寝る」といった生理的必要に基づく生活習慣の領域に属している。また「ご飯食べる」については，3歳児でも具体的な食事内容に言及するものはまったく見られなかった。無藤（1992）が指摘するように，幼児は生理的な行為をスクリプトの核として考えることがわかる。

さらに，3歳から5歳まで追跡した縦断資料とあわせ，スクリプトの年齢的変化について見ると，「遊ぶ」のようにルーティン化の程度の低い活動については，3歳児は具体的な遊びの内容や遊び仲間の名前をともなって述べることが多いのに対し，5歳児になると具体的な内容への言及は少なくなり，徐々に抽象化してとらえるようになっていた。また，上述した例にも示されている通り，年長ほど報告された行為の数は多い。スクリプトが詳細化されていくことを示しているが，なかには逆に年齢とともに報告された行為数が減った事例もみられた。日常活動を階層的にとらえるようになったため，園生活の中心となる上位レベルの行為だけを報告し，下位レベルの行為の表象はできていても，あえて報告しないからであると考えられた。

４ ナラティブ研究

ここで紹介するナラティブ（物語，口述；narrative）の研究は，談話規則の

分析や認知的処理過程を解明するプロトコル分析とは異なる。物語行為（narrative act）は，想起された過去のできごとを時間系列にしたがって配列し，それらをひとつの物語のなかに再配置することによって，できごとの生成のコンテクストを現在の視点から再構成し，因果関係を了解させる言語行為である（野家，1996）。それは現在の時点からの過去の構成と，それに逆照射される現在の自己理解の変容という点で，2重の構成を含む。

野家（1996）によれば，「語る（narrer）」は，「話す（parler）」と「書く（ecrire）」の間に位置づけられる第3のコミュニケーション行為である。というのは物語を語り伝える行為は，発話行為の共時性と文脈依存性を超え，書字行為の通時性に近づくからである。つまり物語行為は個人的な思い出を他者に語り伝えることによってそれを共同化し，そこで語られるナラティブは世代間コミュニケーションや伝統の再生産の言語装置としてはたらく。こうして共同体の記憶（歴史）を生成するナラティブは，権力者の支配の道具にも，また民衆の自己表現の方法にもなりうる（高取，1998）。

心理学の分野では，ブルーナー（Bruner, 1991 ; 1996）が文化と意味を心理学研究の中心課題に据えているが，彼はまた「論理的・科学的思考」とは異なる思考モードとして，神話や歌，ドラマなど物語のなかの「ナラティブ的思考」にいち早く注目している。彼はナラティブを，人間が不条理な現実世界を納得し理解するときに使われる言語の一形式であり，人間の思考やアイデンティティ構成に使われる文化的道具としてみなしている。

本節では「合衆国の起源」について書かれたナラティブのテクスト分析を紹介するが，ナラティブの形式や「語り」の視点についての社会文化的分析は，発話と書字の両方を含めて，面接調査で得られる口述データに適用できる。

文化的道具としてのナラティブの形式

ワーチ（Wertsch, J. V.）は，行為とその行為の媒介手段である文化的道具との間に「どちらにも還元しえない緊張関係」を想定している（石橋，1997）。というのは，ひとつの社会文化的状況のなかで与えられる文化的道具は，個人がそれを使い「自分のものにする（専有する：appropriate）」とき，その個人の活動をアフォードし（afford：誘発し方向づけ），制約を与えるからである。

ワーチ（1998）は米国人大学生24名に30分から1時間で「合衆国の起源」についての説明文を書かせた。そのテクスト（平均533語）について，言語学的分析を援用し，1）できごと，2）テーマ，3）主要人物の構成（言及数，命題参照性の上位・下位カテゴリーによって示されるエイジェンシー・パターンなど），の3側面からナラティブの形式と構造が分析された。

大半のテクストは似かよっており，それらに共通する「自由の追求」テーマとされた事例は，「人々を迫害したり自由を奪ったりしているとみなされた社会システムや支配者から逃れる意図」，あるいは「個人の自由という理念に基づく社会システム構築の意図」を示していた（事例1参照）。

事例1： 「数百年前，我々の建国の父たちは，<u>自分たちの幸福のために必要な特定の権利を行使できないことに大いに不満を抱いた</u>。…彼らは一致団結して，新世界とよばれていた北アメリカの未知の大陸に向かって大西洋を航海した。<u>数百名の人々が，自由のために，その人々にとってもっと有益な国家が約束された新しい出発のために，命をかけた</u>。

名詞・代名詞を使って言及された頻度は，全テクスト中でヨーロッパ系移民が最多の505回，次が先住アメリカ人94回だった。このことから米国人学生の国家の起源についてのナラティブは，ヨーロッパ系移民を中心に構成されていることがわかる。

エイジェンシーとは，行為者の行為の開始・遂行にかかわる概念である。ナラティブに見られるエイジェンシーを調べるためにワーチは，名詞句の命題参照性（propositional referentiality）を上位・下位のカテゴリー（the <u>sup</u>erordinate category；the <u>sub</u>ordinate category）に分類した。

上位カテゴリー（[sup]）は，(a)能動態の他動詞節，(b)自動詞節，(c)連結動詞節（be 動詞，become など）のそれぞれ主語となる名詞句，あるいは(d)受動態の"by"に続く名詞句（省略された場合も含む）とされた。他方，下位カテゴリー（[sub]）は，(e)受動態・能動態の他動詞の直接目的語，(f)同じくその間接目的語，(g)"with"（「共に」という意味）に続く名詞句とされた。

事例2： しかしながら，移民たち［上位］の感謝はそう長くは続かなかった。ピルグリムたち［上位］は，この「未開人たち」［下位］を罪から救うことが良きキリスト教徒としての彼らの義務だと感じた。移民たち［上位］はまた，インディアンの生活様式をかき乱すような物を彼ら［下位］と交換することによって，イン

ディアンたち［下位］を搾取さえした。(However, the settlers ［sup］ did not stay thankful for long. The Pilgrims ［sup］ felt that it was their duty as good Christians to save these "savages" ［sub］ from sin. The settlers ［sup］ also exploited the Indians ［sub］ by trading goods with them ［sub］ that complicated the Indians' way of life.)

事例2では，ヨーロッパ系移民を指示する名詞句は上位に，先住アメリカ人を指示する名詞句はそれに従属する下位におかれている。つまりヨーロッパ系移民は能動的行為者であり，ナラティブを展開する主要な有力者として，他方，先住アメリカ人はそれに従属する犠牲者として表象されている。

ワーチはこれらの分析から，大学生の書いたテクストが「自由の追求」テーマを中心に構成され，「自由の追求に関与したおもな有力者はヨーロッパ系移民たちだった」ことを意味するナラティブの形式と構造を備えていると結論している。これは学校教育というひとつの社会文化的状況から与えられた文化的道具を大学生たちが「自分のものにしていたこと（専有：appropriation）」を示す。

専有と抵抗：ナラティブの制約

ワーチとオコーナー（Wertsch & O'Connor, 1994）は，同じ資料を使って，学生たちが「自由の追求」ナラティブに抵抗するときにさえ，そのナラティブが彼らの語りの形式に強い制約を与えることを示している。

「ヨーロッパ系移民による先住アメリカ人への冷たい仕打ち」（第2のナラティブ）は，「自由の追求」というナラティブ・ラインと矛盾する他者の声である。なぜなら自由を求める者が他者の自由を奪うことになるからである。この矛盾をワーチは意味葛藤（means conflict）とよんだ。ワーチとオコーナーは，「ピルグリム到着（19名）」か「独立戦争（20名）」のできごとを取り上げて「自由の追求」をテーマにした米国人大学生のテクスト（20事例）を，第2のナラティブが引き起こす意味葛藤に着目して，以下の7カテゴリーに分類した：

〈カテゴリー1〉「自由の追求」テーマと矛盾する可能性のある，第2のナラティブの排除（5事例）。

〈カテゴリー2〉「自由の追求」テーマと意味葛藤のないかたちでの，先住アメリカ人への言及（「ピルグリムはインディアンの助けのおかげで七面鳥を捕らえ，ここから感謝祭の伝統が始まった」：5事例）。

〈カテゴリー3〉 「自由の追求」テーマに意味葛藤を引き起こす可能性のある先住アメリカ人に関する情報をテクストに入れるが，すぐにその話題を切り換え，葛藤解決を避ける（1事例）。

〈カテゴリー4〉 意味葛藤を引き起こす可能性のある先住アメリカ人に関する情報をテクストに入れるが，そのあとに「自由の追求」テーマを入れることによって，矛盾を最小化する（プロット構造による解決：2事例）。

〈カテゴリー5〉 「自由の追求」テーマに矛盾する先住アメリカ人に対する処遇（自由を求める人々が，他の集団から自由を奪ったこと）を，「感謝から敵意へ」という精神状態の変化をもちだして（事例2下線部参照），登場人物の本来の性格や主たるストーリー・ラインから一時的にはずれたものとして語る（2事例）。

〈カテゴリー6〉 意味葛藤によって生じた矛盾について，直接的にコメントする（4事例）。

〈カテゴリー7〉 矛盾への直接的コメントは避けて，「自由の追求」ナラティブを風刺的に使って批判する（1事例）。

先住アメリカ人に言及しているカテゴリー2～5には意味葛藤の潜在的可能性はあるが，カテゴリー2では友好的関係だけが言及され，意味葛藤が避けられている。カテゴリー3，4，5には，意味葛藤が生じているが，大学生たちはそれを最小化あるいは回避しており，そこに「自由の追求」ナラティブの意図せざるかたちでの専有とその強力な制約が示されている。

カテゴリー6（事例3参照），7は，「自由の追求」ナラティブの内部で，それとは矛盾する他のナラティブ（あるいは他者の声）を挿入し，抵抗している。ワーチは，権力者から与えられた文化的道具をふつうの人々が消費するときのこの抵抗のしかたを，他者のテリトリーのなかで，すなわち敵陣内部でのゲリラ戦でとられる「戦術」（de Certeau, 1980）とみなしている。ところで米国人大学生の抵抗の場合，エストニアの人々が非公式の歴史ナラティブを作ったように，学校で学ぶ公式の歴史ナラティブを拒否しそれにかわる民衆の新しいナラティブを生成するようなことはなかった。つまり，米国人大学生は，「自由の追求」ナラティブを専有することによって，それに抵抗するかたちさえもその制約を意図せざるかたちで受けていたということになる。

事例3：ピルグリムたちは自由を求め，英国教会から逃れるためにここへやって来た。…彼らはインディアンたちに冷たい仕打ちをした。<u>自分たちの自由のために</u>

英国を離れたのだが，ここへ来て彼らが自分たちの考え方をインディアンに押しつけ苦しめたことはひどい皮肉だ。そうなったのは不幸なことで，フェアではない。
（下線部は矛盾へのコメント）

　心理療法の面接場面でのクライエントとセラピストによるナラティブの生成は，クライエントの過去のできごとを現在の視点から納得のいく思い出に作り変えることによって，現在のアイデンティティを変容させ，癒しを与える方法としてみなせる（高取，1998）。本節で紹介した社会文化的分析はまた，「誰のナラティブ（声）なのか」，「権威的なナラティブに人々はどのようなかたちで抵抗するのか」を問うことによって，ライフ・ヒストリーなど面接調査で得られるインフォーマント（情報提供者）とインタビュアーとのナラティブの共同構成を，支配，服従，抵抗という力のせめぎ合いとして批判的にとらえなおす視点を提起している。

引用文献

Bruner, J. 1991 The narrative construction of reality. *Critical Inquiry* (The University of Chicago), **18**, 1-21.
Bruner, J. 1996 *The culture of education.* Cambridge, Mass.: Harvard University Press.
Cutler, B. L., & Penrod, S. D. 1995 *Mistaken identification : The eyewitness, psychology, and the law.* New York : Cambridge University Press.
de Certeau, M. 1980 *Art de faire.* Paris : Union Générale　山田登世子（訳）1987　日常的実践のポイエティーク　国文社
Fisher, R. P., & Geiselman, R. E. 1992 *Memory-enhancing techniques for investigative interviewing : The cognitive interview.* Springfield : Thomas.
藤崎春代　1995　幼児は園生活をどのように理解しているのか：一般的出来事表象の形成と発達的変化　発達心理学研究，**6**，99-111.
石橋由美　1997　社会文化的アプローチを読み解く：ブルーナーの文化心理学をてがかりに　心理科学19，**2**，32-48.
唐沢真弓・柏木惠子　1985　幼児における自己認識―言語を媒介とした方法でどれだけ捉えられるか？―　発達研究，**1**，41-52.
越智啓太　1998　目撃者に対するインタビュー手法―認知インタビュー研究の動向―　犯罪心理学研究，**362**，49-66.
Loftus, E. F. & Ketcham, K. 1994 *The myth of repressed memory : False memories and allegations of sexual abuse.* New York : St. Martin's Press.　仲真紀子（訳）2000　抑圧された記憶の神話―偽りの性的虐待の記憶をめぐって―　誠信書房
無藤　隆　1982　幼児における生活時間の構造　教育心理学研究，**30**，185-191.
無藤　隆　1992　子どもの生活における発達　東　洋・繁多　進・田島信元（編）　発達心理学ハンドブック　福村出版　Pp. 1083-1103.
仲真紀子　2000　3歳と4歳：年会という理念，バイアスそして発達の姿　岡本夏木　麻生　武（編）　年齢の心理学　ミネルヴァ書房
野家啓一　1996　物語の哲学：柳田國男と歴史の発見　岩波書店
Poole, D. A. & Lamb, M. E. 1998 *Investigative inteviews of children : A guide for helping professionals.* Washington, D. C.: American Psychological Association.
Shunk, R. C. & Abelson, R. P. 1977 *Scripts, plans, goals and understanding.* Hillsdale : Lawrence Erlbaum Associates.

高取憲一郎　1998　社会・文化的アプローチの検討：物語とアイデンティティーに注目して　心理科学20, 1, 43-55.
渡部保夫　1992　無罪の発見―証拠の分析と判断基準―　勁草書房
Wertsch, J. V.　1998　*Mind as action*. New York, N. Y.: Oxford University Press. 田島信元・他(訳)　印刷中　行為としての心　北大路書房
Wertsch, J. V. & O'Connor, K.　1994　Multivoicedness in historical representation: American college students' accounts of the origins of the United States. *Journal of Narrative and Life History*, 4(4), 295-309.

人名・事項索引 【50音順】

【ア 行】

アイヴィ（Ivey, A. E.）	14
アイコンタクト	79
アイゼンク（Eysenck, H. J.）	86
相づち	32
アイデンティティ研究	42
青井和夫	111, 112
アミタール面接	3
安梅勅江	145
いいかえ	15, 33
「いいかえ」の技法	25
飯塚雄一	79, 87
石橋由美	185
いじめ問題	57
一歳半児健診での面接	41
一般的出来事表象	177
伊東 博	38
伊藤秀子	154
稲垣忠彦	108, 112
稲田博一	105
井下 理	145
意味の反映	15
井村恒郎	8
インタビュー	92, 93, 97, 168
インタビューと観察の組み合わせ	170
インタビューフロー	141
イン・デプス・インタビュー	43
インフォームド・コンセント	44, 147
ヴォーン・S.	154
うなずき	32, 40
梅澤伸嘉	145
浦上昌則	70
AAI	53
エーベルソン（Abelson, R. P.）	179
エイジェンシー	182
エリクソン（Erikson, E. H.）	42, 111
エルダー（Elder, G. H. Jr.）	94, 106
エンカウンター・グループ	76
おうむ返し	33, 36
大塚雄作	153
大原健士郎	86
大森慈子	80, 87
大山摩希子	122
岡田 猛	104
岡村達也	18
岡本祐子	52
奥野 光	41
越智啓太	176, 185

【カ 行】

カーン（Kahn, R. N.）	93
回顧法	54
回顧法のメリット	54
カイ自乗検定	128
ガイダンス	5, 10
海保博之	104, 154
カウンセラー	14, 85, 86
カウンセラーの基本的態度	12, 14
カウンセリング	5, 8, 10, 11, 12
嘉数朝子	113
かかわり行動	14, 15
家裁調査官	19
柏木恵子	185
仮説検証型の調査的面接	133
仮説生成研究	96
仮説の生成	92
カッパー係数	100
金井篤子	165
カネル（Cannell, F.）	93
唐沢真弓	185
河合隼雄	87, 104
川喜田二郎	104
川名好裕	81, 87
看護場面における面接	167
観察法	1
観察法との比較	1
感情の反映	15
感情の反射	23
感情の明確化	27, 33
鎌原雅彦	164
関与しながらの観察	2
記憶と集中と自問	45
危機後拡散	42
危機・探求	42
危機前拡散	42
北川宇子	121
木戸幸聖	8
技法の統合	15
技法連鎖面接の構造化	15
基本的応答技法	21
キャリア・カウンセリング	70
Qテクニック	84
共感的理解	12, 13, 16, 29, 36
狭義のカウンセリング	11
草野香苗	88
クライアント（顧客企業）	155
クライアント	12, 13, 14, 15, 84
クライアント中心療法	83, 85, 86
クライアントを観察する技法	16
くり返し	23
グループ・インタビュー	94, 136, 137, 138, 140, 141, 143, 144, 155
グループ・インタビュー実習	139, 142
グループ・インタビュー法	147
グループ・ディスカッション	136
グループ・ワーク	51
KJ法	99
傾聴	45
傾聴の訓練	20, 74
研究仮説の検証	92
言語報告	173
現実的視点	19
現象学的アプローチ	7
健常者	11
広義のカウンセリング	11
構造化面接	175
国分康孝	18
個性記述的な方法	72
子どもの健康診断	41
小橋康章	69
小林正明	155
コミット	42
コミットメント	42
コミュニケーションの抑制因と促進因	45
近藤邦夫	87

【サ 行】

催眠面接	4, 90
採用面接	165
酒井明子	167
作業同盟	37
佐治守夫	18, 87
座席の配置	37
佐藤郁哉	104, 113
サリヴァン（Sullivan, H. S.）	2
澤田英三	122

187

人名・事項索引

参加観察	2
参加承諾書	102
三者面談	71
ジェラット（Gelatt, H. B.）	68,69
司会者	136,139
司会者の心得	145
自我同一性地位面接	42
自己一致	12
事後インタビュー	170
自己概念	84,85,86
自己効力感	62,64
自己実現	11
自己分析	76
自助組織	61
姿勢	32
自然治癒	86
質問	34
質問紙調査法	146
質問紙調査法との関係	2
質問紙法	2
指導（ガイダンス）	5
シナグプ・J.	154
柴橋祐子	39
自分史研究	76
清水 信	86
ジャーナリズム	92
シャンク（Shunk, R. C.）	179
自由連想法	3,4
シューム・J.S.	154
修士論文	8
集団心理療法	88
集団討議	136
集団面接法	94
守秘義務	44
純粋観察法	93
焦点のあて方	15,16
職業指導	4,10
職業指導運動	5
職業的カウンセリング	10
職業ハンドブック	68
初診患者への聞き取り	167
事例研究	8,72,74,76
事例研究の長所	72
事例研究の前提条件	74
深層面接	6
深層面接法	94
迅速な面接	172
身体言語	16
診断面接	4
心的容量の制約	173
人物の同定	176
新聞記者	105
心理的援助	10
心理的成長	10
心理療法	10,11
進路指導	62
進路指導における自己理解	66
スーパービジョン	38
スキーマ	177
杉村智子	121,122
杉山 亮	123
スクリプト	176,177,178,180
ステップワイズ面接	175
砂田良一	40
精神分析	4,10
催眠面接	3,5
瀬地山葉矢	53
積極技法	15
摂食障害患者	88
折衷の方法	156
選抜のための面接	1
早期完了	42
相談	5
相談的面接	21
相談的面接の効果	82
相談的面接法	4,10
相談的面接法の定義	10
相談的面接法の歴史	4
卒業論文	11
卒論	8
相談的面接	83

【タ 行】

対決	15
ダイモンド（Dymond, R. F.）	83
高取憲一郎	186
高橋一男	153
高橋 登	122
高山忠雄	145
多鹿秀継	133
他者理解	30
鑢幹八郎	52
立花 隆 111	112
谷 富夫	111,112
探索的質問	43
探査的質問	45
断酒会	61
調査官	19
調査的面接法	4,92
調査的面接法の過程	96
調査的面接法の歴史	5
調査的面接法の有効性と限界	100
調査的面接法の歴史と領域	92
治療者	12,13
治療面接	4
塚田 守	112
土屋 守	57
続 有恒	8,111,112,154
テープ起こし	99
t 検定	128
定性的社会調査	137
適性検査	64
手続きの可視化	173
土居健郎	86
同一性達成	42
統合の原理	12
統合理論	12
統制群	86
特殊な面接技法	3
閉ざされた質問	16,173
友田不二男	87
トランスクリプト	99,103
鳥山平三	112

【ナ 行】

内観療法	76
内省法	95
仲真紀子	172,185
中澤 潤	104,164
中島伸子	133
ナラティブ	184
ナラティブ研究	180
ナラティブ的思考	181
ナラティブの形式	182,183
ナラティブの生成	185
ナラティブの制約	183
成瀬悟策	87,90
二重盲検法	172
日本労働研究機構	66,68
ニューヨーク・トリビューン	92
入社面接	165
認知発達研究	121

188

人名・事項索引

認知面接	95
認知面接法	173,175
野家啓一	181,185
野々村実夫	19

【ハ 行】

パーソナリティ変化	82
はげまし	15
発話プロトコル法	95,126,133
発話記録（プロトコル）	95
話しぶり	31
濱本園子	135
原田悦子	104,154
原田克己	89
原野明子	121
半構造化面接	53,55
半構造的面接の基本的技術	45
半構造的面接法	42
判断	45
バンデューラ（Bandura, A.）	62
ピアジェ（Piaget, J.）	93
東 敏雄	111,112
非言語的コミュニケーション	78
ヒステリー研究	4
被面接者（話し手）	111
被面接者のプライバシー	7
病者	11
病跡学的手法	73
開かれた質問	16,94,173
平木典子	17
廣瀬英子	66
VPI職業興味検査	66
フィッシャーの直接法	128
フィールドワーク	94
フォーカス・グループ	136
藤崎春代	179,185
藤縄 昭	86
藤本喜世	70
不登校生徒	89
プラース（Plath, D. W.）	111
プライバシー	44,51
プライバシー保護	99
ブルーナー（Bruner, J.）	181
フローシートの作成	141
フロイト（Freud, S.）	4,11
ブロイラー（Breuer, J.）	4
プロトコル	149
プロトコルデーター	129
プロトコル分析	95,169,181
文化に適切な注目	14
文脈の再現	173
法則定立的方法	72
補完的質問	45
保健センター	41
保坂 亨	18

【マ 行】

マーケティング	155
マーシャ（Marcia, J. E.）	42
マイクロ技法の階層表	14,15
前田洋一	71
松島恵介	61
3つの基本的態度	12
南 博文	104
箕浦康子	104
宮下一博	52,104,164

宮下敏恵	90
宮田 洋	80,87
無条件の受容	13
無条件の積極的関心	12,13
無藤 隆	177,185
村上英治	8,111,112,154
メイヤー（Meyer, R. E.）	133
面接	1,92
面接実施の了解手続き	178
面接者（聞き手）	111
面接者としての自覚的態度	44
面接者のあり方	2
面接態度	55
面接調査	108,111
面接調査の実施手順	126
面接のルールの説明	172
面接の所要時間	178
面接の外的条件	37
面接の設計と準備	96
面接法	1,2,8
面接法の基本的性質	44
面接法の留意点	7
メンタルモデル	124,133,170
面通し	176
目撃情報の保全	172
目撃時の状況	173
目撃証言	172
モラトリアム	42
森田洋司	58
問診	39
門前 進	90

【ヤ 行】

山田冨美雄	80,87
山本 力	52
ユーザテスト	169,170,171
要約	15
横田澄司	104
吉田明子	69
吉村浩一	104
吉本 史	121
4つの自我同一性地位	42
予備的面接	58

【ラ 行】

来談者中心療法	10
ライフコース	106,108,111
ライフコース研究	94,97,111
ライフヒストリー研究	94
ラウン	39
ラポール	7,97,170
理想的自己概念	84
臨床心理学	8
臨床的面接法	4,10,93
臨床法	93
倫理	44
倫理的な責任	7
レビンソン（Levinson, D. J.）	111
ロールプレイ（役割演技）	30,32,34,35,97
6条件	12
ロジャース（Rogers, C. R.）	5,10,12,14,34,83,86

【ワ 行】

ワーチ（Wertsch, J. V.）	181,182,183,184

心理学マニュアル　　面接法	
2000年3月10日　初版第1刷発行 2006年3月20日　初版第6刷発行	定価はカバーに表示 してあります。

編　者　　保　坂　　　　亨
　　　　　中　澤　　　潤
　　　　　大　野　木　裕　明

発行所　㈱北大路書房

〒603-8303　京都市北区紫野十二坊町12-8
　　　電　話　(075) 431-0361㈹
　　　FAX　(075) 431-9393
　　　振　替　01050-4-2083

Ⓒ 2000　印刷／製本　創栄図書印刷㈱
検印省略　落丁・乱丁本はお取り替えいたします

ISBN4-7628-2170-5　Printed in Japan